厚德博學
經濟匡時

教育部人文社会科学研究青年基金项目“资本市场推动实体经济创新的微观机制与效率提升研究”（项目批准号 18YJC790059）资助出版

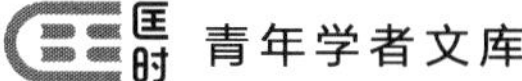


# 货币政策的产业效应及传导机制

## 基于上市公司微观数据的研究

吉红云◎著

Industrial Effect and Transmission Mechanism of

Monetary Policy

上海财经大学出版社

**图书在版编目(CIP)数据**

货币政策的产业效应及传导机制:基于上市公司微观数据的研究/吉红云著. —上海:上海财经大学出版社,2022.6
(匡时·青年学者文库)
ISBN 978-7-5642-3962-6/F.3962

Ⅰ.①货… Ⅱ.①吉… Ⅲ.①货币政策-研究-中国 Ⅳ.①F822.0

中国版本图书馆 CIP 数据核字(2022)第 036204 号

□ 责任编辑 施春杰
□ 封面设计 张克瑶

**货币政策的产业效应及传导机制**
——基于上市公司微观数据的研究
吉红云 著

上海财经大学出版社出版发行
(上海市中山北一路 369 号 邮编 200083)
网 址:http://www.sufep.com
电子邮箱:webmaster@sufep.com
全国新华书店经销
江苏凤凰数码印务有限公司印刷装订
2022 年 6 月第 1 版 2022 年 6 月第 1 次印刷

710mm×1000mm 1/16 10.75 印张(插页:2) 154 千字
定价:56.00 元

# 目　录

# 导　言

## 一、问题的提出

### （一）必须培育打造“创新驱动”成为经济发展新引擎

随着要素禀赋以及需求结构的变动，我国经济经历了由高速增长向中高速增长的转变过程，并正在向高质量发展阶段迈进，经济增长动力已发生深刻变化，必须培育打造创新驱动成为经济发展新引擎，加快推动企业自主研发和技术创新迫在眉睫。创新的高投入、长周期及不确定性的特征决定了其有赖于金融支持，金融如何更好地促进和培育创新并推动新兴产业发展，已成为政府和学术界共同关注的重大课题。

### （二）推动技术创新和新兴产业发展必须关注货币政策产业效应

为“熨平”经济发展的波动，我国政府积极运用货币政策对经济进行宏观调控，但是在对经济总量进行调节时，各产业对货币政策的反应迥异。由于各个产业在属性、资产负债特征以及需求特点方面的不同，货币政策对各产业的影响具有结构性，一些产业对货币政策反应强烈，而另一些产业对货币政策反应平淡，因而货币政策会引发产业结构的变动与调整。

例如，当投资和消费需求快速增长引发经济过热时，我国央行往往采取紧缩性货币政策，而紧缩性货币政策对产业的影响程度是不同的，一些产业受到的抑制程度较大，而另一些产业则受抑制程度较轻；而当经济增速放缓、投资与消费需求不足时，央行又实行扩张性政策以避免经济陷入衰退。在当前中国面临经济增长动能转换的情况下，我们需要关注货币政策调整对不同产业的影响以及新兴产业和高技术产业是否得到了充分支持。

货币政策的作用已不再局限于传统意义上的总量需求调控,而是逐步延伸到支持经济转型与推动产业结构升级的范畴。货币政策作为宏观调控的重要手段与资源配置的重要方式,对企业技术创新、产业发展与结构调整具有日益显著的重要影响。

### (三)资本市场是科创企业和新兴产业外部融资的重要来源

近年来,我国资本市场的融资能力以及资源配置能力得以快速提升。自 2005 年股权分置改革以来,我国股票市场发展迅速,股票市场的规模、融资能力以及社会对于股市的参与度都得到了很大的提高。此外,我国上市公司的治理结构也得到了有效的改善,上市公司变得更为透明,因而上市公司对于经济的贡献得以提高。近年来,中国股市得到了居民更广泛的参与,更多家庭的股票资产在迅速增加,因此股票价格的波动将影响更多家庭的收入和支出。我国股票市场的融资能力得到了很大的提高,股市作为一种资源配置的手段也发挥着越来越重要的作用。

与此同时,我国已基本形成主板、创业板及科创板等不同层次资本市场。其中,主板市场主要面向规模相对较大、处于成熟阶段且盈利能力较稳定的上市公司,创业板市场则主要面向处于种子期中后期和产业化阶段初期的高新技术企业、创业企业和民营企业等,而科创板市场则专门面向科技企业。在新兴产业与高新技术产业中,许多企业通常是中小企业且具备高成长性,在一定程度上代表了我国科技创新、产业结构调整和升级的发展方向。资本市场已成为科创企业和新兴产业、高新技术产业外部融资的重要来源。

### (四)货币政策对资本市场以及产业融资具有重大影响

由于金融摩擦的普遍存在,公司的投资决策特别是研发投入往往受制于其融资能力,不同产业融资能力的差异很大程度上决定了产业投资水平以及研发能力的不同,从而对产业发展造成重要影响。由于我国特殊的金融制度与产权制度，许多企业面临着融资约束，尤其是民营企业和中小企业，而不同产业的融资条件具有显著差异。

货币政策作为资源配置的重要手段，不仅能够改变资金总量，而且能够引导资金在不同产业间的流向。货币政策可通过资本市场进一步影响各产业的融资规模及成本，从而影响各产业的研发投入及能力，进而影响企业技术创新以及产业发展与结构调整。

近年来，我国多层次资本市场建设已取得很大进展。与此同时，股票市场的规模与融资能力均得到了很大提升，股票市场已经成为一些新兴产业和高新技术产业外部融资的重要来源。货币政策对股票市场具有非常重大的影响，货币政策可以通过作用于股票价格进而对企业股权融资产生重要影响。此外，由于我国商业银行特殊的制度背景，商业银行的资金配置效率一直是人们关注的焦点，货币政策作用下信贷资金能否流向高成长性以及具有发展潜力的行业，对于经济发展与产业结构调整具有重要意义。近年来，我国利率市场化取得了较大进展，商业银行可以针对不同客户的风险和收益特征制定不同的贷款利率，在此情形下，企业对债务融资成本的敏感性也越来越高。

## 二、研究内容及研究意义

本书的研究内容及研究意义主要体现为以下几个方面：

当前我国经济已经历了由高速增长向中高速增长的转变过程，并正在向高质量发展阶段迈进，经济增长动力已发生深刻变化，必须加快推动企业技术创新，促进高新技术产业和新兴产业发展。技术创新与产业结构调整受到众多因素的影响，而金融体系发展便是极为重要的因素之一，货币政策与资本市场更是其中最为关键的因素。

金融如何更好地促进和培育创新、推动高新技术产业和新兴产业发展是政府和学术界共同关注的重大课题，而货币政策与资本市场在其中所发挥的作用尤为关键。货币政策对于金融资源在不同产业间的配置具有重要影响，从而会进一步影响企业技术创新以及高技术产业与新兴产业的发展。在这样的形势和背景下，研究中国货币政策的产业效应及传导机制，探讨货币政策与资本市场如何相互作用，对于推动我国实体经济创新以及产业结构调整与效率提升具有非常重要的现实意义。

在理论意义方面，本书的研究有助于更好地理解技术创新、产业发展与结构调整的外在推动力，从而丰富现有关于技术创新与产业发展的相关文献。此外，货币政策的传导机制历来是货币经济学领域的研究重点，研究货币政策的产业效应，有助于更深入地理解货币政策的传导效果及传导机制。

本书的研究结论，对于推动我国技术创新与产业结构调整，设计更合理的制度与路径提升实体经济效率具有一定的参考意义。货币政策作为宏观调控和资源配置的重要手段，对促进技术创新、产业发展和结构调整具有重要影响。在制定货币政策的过程中，需要充分考虑到货币政策的产业效应，本书基于上市公司微观数据进行研究，可以更好地反映企业特征以及产业属性，从而能够为货币政策的制定提供参考，使得货币政策在致力于调控宏观经济的同时，更好地促进企业技术创新并推动高新技术产业和新兴产业发展。

资本市场是企业技术创新的重要融资来源，而货币政策对资本市场具有重要影响。资本市场作为资源配置的高效机制与渠道，是否能够引导资金流向代表产业未来发展方向的新兴产业和部门，直接关系到我国实体经济创新的能力与效率。随着我国股票市场的发展，股市融资能力以及资源配置能力已经得到了很大提高，股权融资已经成为一些新兴产业和高技术产业外部融资的重要来源。由于货币政策是影响股票价格的最重要因素之一，因而会对产业股权融资产生重大影响。本书关于货币政策对资本市场与股权融资影响的相关研究，可以反映我国资本市场在推动技术创新与新兴产业、高技术产业发展方面的作用，并可为我国资本市场的制度设计提供一定参考，从而更好地发挥中国资本市场在推动实体经济创新方面的作用。

此外，推动企业技术创新和新兴产业、高技术产业的发展需要依托于相关产业政策、财政政策等各类政策的引导,很多国家综合采取多种经济政策来实现这一目标。本书的研究对我国产业政策以及其他相关政策的制定和调整也具有积极的现实参考意义。

# 第1章　货币政策与产业发展相关文献及研究进展

货币政策传导机制纷繁复杂，加之经验事实复杂多变，可以将各学派关于货币政策传导机制的理论分为“货币观”与“信用观”两大类。本章将回顾货币政策传导机制的理论脉络，并总结有关中国货币政策传导的实证研究。

中国货币政策由于受到体制转轨、市场成熟状况、经济主体预期等因素的影响，与发达国家的货币政策存在诸多差异，其传导机制一直为各方所关注。关于中国货币政策传导机制的实证研究可以分成两类：一类是从宏观层面上对中国货币政策货币渠道和信用渠道传导效应进行实证检验和比较；另一类则是从银行、企业和居民微观层面上来检验中国货币政策传导渠道的微观基础。随着理论和实证研究的不断深入，学者们发现货币政策不仅具有传统意义上的调控总需求的作用，而且具有对产业发展的非对称调节功能。国内外的学者发现货币政策对产业或行业的影响是非同质的，但是现有文献着重于研究货币政策对产业影响的差异，就货币政策是通过何种机制形成对产业影响差异的研究较为匮乏。

## 1.1　货币政策传导机制理论发展脉络

围绕货币政策的论述可以分为两个方面：一是货币政策是否中性，即货币政策是否能够对实体经济产生影响；二是货币政策的传导机制，即货币政策是如何影响实体经济的。

古典经济学基于“货币—真实经济两分法”假设，把货币视为笼罩在实物经济层面的一层“面纱”，投资、储蓄及经济增长均由经济中的实质因素决定，认为“货币长期中性”。而费雪提出了著名的费雪方程式，区分了名义利率和实际利率，其中名义利率为实际利率与预期通货膨胀率之和，由于公众预期的不完全或者转变，因而“货币长期中性”命题不成立。凯恩斯则完全否定了古典经济学这一命题，他分析了货币供求变动通过利率进而影响实际投资和产出的传导过程。以弗里德曼为代表的货币主义学派以及随后的理性预期学派或新古典经济学派，虽然认为“货币长期中性”，但却承认货币在短期内可以引起真实产出变动。我们可以看到，大多数经济学家认为，货币政策至少在短期内能够影响产出。

关于货币政策是如何影响产出的，理论界却没有达成共识。由于货币政策传导纷繁复杂，加之经验事实复杂多变，以致货币政策的传导过程一度被视为“黑箱”。各经济流派分别形成了各自的货币政策传导机制理论，这些理论有些内容存在着相互交叉或相似之处，我们可以将各流派所提出的货币政策传导机制理论分为两大类，即“货币观”与“信用观”。

### 1.1.1 “货币观”理论发展脉络

“货币观”的货币政策传导机制主要包括利率渠道、资产价格渠道以及汇率渠道。货币观的假设基础之一是金融市场是信息完全的，持此种观点的学者认为，金融资产只有货币和债券两种资产，而银行贷款属于债券的一种，并且债券和银行贷款是可以相互替代的。货币政策仅仅通过“货币渠道”传导，主要通过影响诸如利率、汇率、资产价格等金融资产价格进而对投资和产出水平产生影响。

(1)“货币观”发展脉络

“货币观”的传导机制中最古老的是利率传导机制，利率传导机制在西方货币政策传导机制中居于非常重要的地位，后来出现的资产价格传导机制、汇率传导机制、信贷传导机制等都是在此基础上发展起来的。

维克塞尔在其累计过程论中就对利率传导机制有所涉及，他认为在市场均衡时正常利率与自然利率相等，当两者背离时，市场均衡就会被打破，从而导致价格的上涨和生产的扩张。维克塞尔的累计过程论是利率传导机制理论的雏形。

凯恩斯在 1935 年提出的“资本费用说”是利率传导机制的理论基石。利率传导渠道理论建立在黏性价格的假定下，并且以流动性偏好为基础。流动性偏好即人们为了满足交易动机、预防动机和投机动机而选择持有货币。凯恩斯认为，货币需求量由社会公众的流动性偏好所决定，而货币供给量由货币当局决定，两者共同决定利率水平。凯恩斯认为利率传导机制的实现需要通过以下几个环节：第一，央行通过货币政策影响利率；第二，利率变动影响投资；第三，投资变动影响产出和就业等实体经济变量。其中利率变动影响投资这个环节最为关键。

在传统的凯恩斯利率传导理论基础上，后来的货币主义学者又提出了资产价格渠道，这里的资产价格主要是指股票价格、房地产价格等各类资产价格。Tobin(1961，1969)提出了托宾 Q 理论，他认为货币政策可以通过对资产价格的影响进而影响投资支出。托宾 Q 是指企业的市场价值与资本重置成本之间的比率，当 $q>1$ 时，企业的市场价值高于其资本重置成本，企业可以用相对高的价格发行股票筹得资金，并且开设成本相对较低的新工厂或购置新设备，因此投资支出会增加；反之，若 $q<1$，则企业可以用相对便宜的价格收购另一家企业，支出会减少。

Modigliani(1971)进一步分析了资产价格对于居民消费的作用，他在其生命周期理论中提出，居民的消费行为不是由其当期收入决定的，而是由其生命期内包括人力资本、有形资产和金融资产等在内的总财富决定的。当股票价格、房地产价格等各类资产价格上升时，居民的总财富会增加，因而居民的消费需求会增加，进而推动产出增加。

Mishkin(1976)从流动性角度分析了资产价格对居民消费的影响，他认为当股票、房地产等资产价格下降时，居民所持有的资产价格下跌，因而居民发生财务困难的概率会提高，消费者将减少对缺乏流动性的耐用消费品的支出，因而产出减少；而当股票、房地产等资产价格上升时，居民所持有的资产价格上升，居民陷入财务困难的概率会降低，因而会增加对耐用消费品的支出并带动总产出增加。

传统的利率渠道主要是关注国内，而随着国际经济联系的日益密切以及浮动汇率制度的广泛应用，汇率作为一种特殊的资产价格对宏观经济的影响越来越大。从本质上讲，汇率是货币在国际市场的价格，汇率渠道可视作利率传导机制的特例。McKinnon(1985)和 Obstfeld(1996)等逐渐将汇率因素纳入货币政策传导的研究中来。一些学者构建新开放宏观经济模型，以个体最优化和浮动汇率为基础，将封闭经济中的最优化行为扩展到开放经济下，以开放经济两国模型来说明实际利率传导途径中的汇率途径(如 Obstfeld 和 Rogoff，1995；Betts 和 Deverux，2000；Engle，2002 等)。这类模型认为，货币政策会改变国内真实利率，并使得本国货币名义汇率改变，本币贬值或升值，从而改变本国商品与外国商品的相对价格，进而改变出口和进口，由此带来本国产出的变动。

(2)“货币观”的局限

“货币观”为货币政策传导机制研究奠定了良好的基础，但其在解释货币政策传导机制方面仍然存在着一些局限。首先，在现实中即使货币政策冲击只引发了利率的微小变动，但货币政策对实体经济的影响却很显著，“货币观”无法很好地解释这一现象；其次，消费变化严重滞后于利率变化，当消费发生变动时，利率往往已经恢复至初始水平了。最后，“货币观”假定货币政策对短期利率影响较强而对长期利率影响较弱。而在现实中，货币政策却对耐用消费品、生产设备这些对长期利率敏感的支出影响较大。

“货币观”传导机制的假设基础为金融市场是完全信息的，然而这一假设忽视了实际经济活动中的市场信息不完全以及金融摩擦等因素。

### 1.1.2 “信用观”理论发展脉络

(1)“信用观”发展脉络

“信用观”最早可追溯至《拉德克里夫报告》(1959)中所提出的“信贷可获得性”，但该理论一直未得到足够重视，原因在于其理论前提“信贷配给”假说一直未得到充分论证。

直到 Stiglitz 和 Weiss(1981)在信息经济学基础上提出了“均衡信贷配给”理论,才为信贷渠道作为货币政策传导渠道之一奠定了理论基础。均衡信贷配给理论认为,银行与借款人之间存在信息不对称现象,银行根据借款人的信用等级提供相应信贷配额。一部分借款者即使愿意支付较高的利率也无法获得银行信贷,因为银行若提高利率有可能会将一些优质低风险的借款者驱逐出市场,因而银行宁愿将利率维持在相对较低的水平,却拒绝一些高风险的借款者。

Bernanke 和 Gertler(1995)总结了前人的研究,认为信用渠道可以弥补货币渠道的不足,能够更好地从影响程度、影响时间及影响结构上解释货币政策对实体经济的影响。“信用观”的核心内容是,货币政策除了会影响利率水平之外,还会影响“外部融资额外费用”,即贷款者与借款者之间的委托—代理问题带来的成本。

货币政策的信用渠道包括银行信贷渠道(狭义信贷渠道)和资产负债表渠道(广义信贷渠道),前者侧重于货币政策对银行的贷款供应能力的影响,后者则侧重于货币政策变化对借款者财务状况的影响,从而使得借款者的净值发生变化,进而使企业从银行获取贷款的能力发生变化。

Bernanke 和 Blinder(1992)认为,由于信息不对称的存在,银行贷款与其他金融资产不可完全替代,因而金融中介机构的贷款具有特殊作用,特定借款人的融资需求只能通过银行贷款满足。当中央银行通过货币政策工具的运用降低银行的准备金规模时,商业银行提供贷款的能力便受到限制,银行贷款供给减少,那些依赖银行贷款的借款者便得不到足够的资金,因而他们的投资会减少,进而使总需求减少,此即银行信贷渠道。

Kashyap、Stein 和 Wilcox(1993)通过银行贷款和商业票据的相对变动来证明是否存在银行信贷渠道。他们的研究表明,当企业所获得的银行贷款下降时,其增加了商业票据的发行,这意味着紧缩性货币政策下企业选择通过发行商业票据来弥补银行信贷的减少,因而这证明了紧缩性货币政策能够减少贷款的供给。由于对大多数企业来说,包括商业票据在内的非银行资金来源并不能完全替代银行贷款，这类企业的投资和产出与其所获得银行信贷紧密相关。因此，货币政策会通过增加或减少银行的整体信贷供给能力，从而影响企业的投资和产出。

然而，货币政策是否能够显著影响银行的贷款供给能力是一个有争议的问题。Bernanke 和 Blinder(1988)的实证研究表明，美联储的公开市场操作能够增加或减少银行的准备金，从而可以增加或减少银行可贷资金。Kashyap 和 Stein(2000)的实证研究表明，那些流动性较低的银行受货币政策影响比流动性较高的银行要大，这证明了货币政策银行贷款传导渠道的存在性。然而，Baumetal(2004)对此实证结果的稳健性提出了质疑，他指出如果模型中引入市场波动性这一因素，Kashyap 和 Stein(2000)的结论便不能成立。Angeloni 等(2003)则认为，货币政策银行贷款渠道是否存在依赖于各国银行体系的结构。

有学者认为，金融管制的放松以及金融创新会使得银行贷款渠道的重要性有所下降。然而，Kashyap 和 Stein(1994)强调，银行面临的并非是具有完全需求弹性的负债市场。例如，一些小型的、资本化程度不高的银行并不能发行 CDs(大额存单)，并且 CDs 的流动性不高，因而银行并不能够完全通过发行 CDs 或者新股等来弥补存款的下降。Freixas 和 Rochet(2004)认为，紧缩性货币政策下银行发行债券资产的成本上升，因而证券化程度较低的银行将不得不减少贷款供给以满足央行的最低资本金要求。Van(2005)对美国的研究表明，证券化程度低的银行的贷款供给能力对货币政策的敏感度更高。

Bernanke 和 Gertler(1989，1995)总结了前人研究成果并提出了资产负债表渠道，他们认为货币政策会通过影响借款者净值进而改变借款者能够获得的银行信贷规模。企业“净值”主要包括企业净现金流量以及可抵押资产价值。货币政策的变化会通过改变企业的经营状况、利息支出等进而改变企业的净现金流量。紧缩性货币政策下企业经营状况恶化，企业收入减少，同时利率的上升也会使得企业的利息支出上升，两方面结合起来便使得企业的净现金流量减少，企业财务状况恶化；与此同时，紧缩性货币政策还会使得企业的可抵押资产价值下降。由于银行会根据企业的净值来评估其信用等级，并决定是否给予其贷款以及贷款额度，因而紧缩性货币政策会通过资产负债表渠道的传导使得企业所能获得的银行信贷规模下降，相反，扩张性货币政策则可以通过提升企业净值而使企业获得更多的银行贷款。

资产负债表渠道与经济周期的联系非常紧密，Gertler 和 Gilchirist (1993)认为，由于经济波动冲击能够改变借款者的净值，因而可以改变企业的外部融资额外费用，从而强化经济周期波动。货币政策冲击下，企业净值的变化会放大商业银行的信贷配给行为，这种放大作用即“金融加速器”作用(Bernanke 和 Gertler，1995)。在经济上升期间，借款人流动资金充裕，并且可抵押的资产价值增加，因为净值提高从而能够获得银行更多的信贷支持，社会投资总水平上升；相反，在经济下降时期，借款人净值下降，企业获得银行贷款难度加大，使得社会投资总水平下降。

随着《巴塞尔协议》的签订以及在世界范围内的推广，有关资本充足率对银行贷款以及宏观经济影响的理论文献大量出现，并逐步提出了与货币政策信用传导渠道相关的银行资本金渠道。Berger 和 Udell (1994)发现，当资本充足率提高后，银行的贷款行为会受到限制，银行将调整其资产构成、减少贷款发放以满足资本充足率要求。Holmstrom 和 Tirole(1997)的研究发现，银行资本水平能够显著影响贷款、利率以及投资，并且由市场决定的资本充足率往往具有顺周期特征，因而在经济衰退期资本充足率的顺周期特征将进一步加重经济衰退程度。大量的实证结果也证明了资本约束能够强化货币政策的信用传导渠道，如 Kishan 和 Opiela(2000)、Aggarwal 和 Jacques(2001)、Chiuri(2002)、Yudistira(2003)等。

(2)“信用观”评述

“信用观”弥补了“货币观”在理论上的不足，“信用观”以信贷市场信息不完全和信贷市场存在摩擦为假设基础 ，这样的假设基础更符合现实情况，较好地解释了货币政策变动对经济活动产生影响的程度、时间和结构。

然而,货币政策是否能够显著影响银行的贷款供给能力是一个有争议的问题。有学者认为货币政策银行贷款渠道的存在性与重要性依赖于各国的银行体系结构。此外,金融管制的放松以及层出不穷的金融创新,也可能会降低银行贷款渠道的重要性。

## 1.2　中国货币政策传导渠道及微观基础相关文献

中国货币政策由于受到体制转轨、市场成熟状况、经济主体预期等因素的影响,与发达国家的货币政策存在诸多差异,其传导机制一直为各方所关注。

关于中国货币政策传导机制的实证研究可以分成两类:一类是从宏观层面对中国货币政策货币渠道和信用渠道传导效应进行实证检验;另一类是从微观层面来检验中国货币政策传导渠道的微观基础。

### 1.2.1　宏观层面的传导机制实证研究

通常我国学者利用货币政策传导的各种渠道假说理论,对中国的货币政策传导效应进行实证研究,以找出我国货币政策传导机制主要是通过何种机制进行传导的。

一些文献认为,我国货币政策主要是通过信贷或信用渠道来发挥作用的。周英章和蒋振声(2002)针对我国 1993—2001 年数据的研究表明,信用渠道和货币渠道在我国货币政策传导中都发挥了作用,但信用渠道占据主导地位。蒋瑛琨、刘艳武和赵振全(2005)对我国 1992—2004 年货币政策传导机制的实证结果则表明,贷款对我国物价和产出的影响最显著,其次是 M2,最后是 M1,这说明信贷渠道在我国货币政策传导中占有重要地位。盛朝晖(2006)分析了 1994—2004 年我国贷款、货币供应量、利率、资产价格以及汇率对产出和物价的影响,认为在我国货币政策传导机制中信贷和信用渠道发挥着主要作用,利率渠道也起到了一定作用,资产价格渠道的传导作用也开始发挥，而汇率传导渠道作用较小。战明华和蒋婧梅(2013)对1980—2010年我国货币政策银行信贷渠道的效应进行了检验，结果表明信贷渠道总体上对产出影响是显著的，但是随着我国金融市场化改革的进行呈现出倒“U”型特征。盛松成和吴培新(2008)利用1998—2006年的月度数据对中国货币政策的中介目标、传导渠道进行了分析，认为我国基本不存在货币渠道(利率、汇率、股票价格)，主要传导渠道是银行贷款和货币供应量，M2对经济变量的解释能力高于其他货币政策变量。

但也有一些文献认为我国货币政策传导中货币渠道是有效的，甚至有学者认为货币渠道的作用大于信贷渠道。陈飞、赵昕东和高铁梅(2002)的研究认为，与信贷渠道相比，我国货币政策的货币渠道对产出影响更大，货币供给量对产出的作用比较显著，但发生作用的时滞较长；贷款冲击的作用见效最快，但作用的时间较短；而利率冲击的作用介于货币供给量和贷款之间。孙明华(2004)基于1994—2003年数据的研究，得出与陈飞等人相同的结论，他同样认为我国货币政策主要是通过货币渠道传导至实体经济的。刘军(2006)对1978—2004年中国货币政策传导机制进行研究，发现货币渠道和信贷渠道都发挥了一定作用，但相对来说，货币渠道的作用更重要，对经济增长的影响更大。乐毅和刁节文(2013)认为我国货币政策是有效的，利率途径传导机制在一定程度上是流畅的，能够显著促进经济增长。

另一些学者则认为，在我国的货币政策传导中，无法区分货币渠道与信贷渠道的相对重要性。王雪标和王志强(2001)认为，1984—1995年间在我国货币政策传导中，货币渠道和信贷渠道都发挥了作用，但两者的相对重要性无法确定。王欣(2003)建立协整模型检验了我国1994—1997年和1998—2003年两个时段内的货币政策传导途径，他的研究表明1994—1997年我国货币政策主要通过信用渠道传导，1998—2003年则主要通过货币渠道传导。苏亮瑜(2008)认为，我国的货币政策目标主要是通过数量机制(调控货币供应量以牵引信贷投放)和价格机制(调控利率)

两种方式来实现的，并对两种机制的有效性进行了比较，实证结果表明，在我国货币政策体系中数量机制相对于价格机制仍然占据更主要的位置，现阶段利率市场化虽未完全实现，但价格机制在货币政策传导中也发挥了突出的作用。

随着我国股票市场规模的扩大和机制的完善，股市在货币政策传导中的作用也受到越来越多学者的重视。中国人民银行研究局课题组(2002)分析了资本市场对货币政策影响，认为随着资本市场的发展和完善，资产价格已经成为我国货币政策传导的一个渠道。余元全(2004)采用 TSLS 方法分析股市对我国货币政策传导机制的影响，他的研究表明我国股票市场传导货币政策的机制并不畅通，尽管股票价格的财富效应或流动性效应对消费具有促进作用，但很微弱，而股市对投资没有显著的积极作用。冯科(2010)研究了股票市场在我国货币政策传导机制中的作用，他的研究表明我国货币供应量对股票价格有显著影响，但是股票价格对消费和投资的作用较弱。陈平和张宗成(2008)的研究表明，中国股票市场已经成为货币政策传导的重要渠道之一，并且其传导货币政策的功能正在逐步增强。王虎(2008)认为，股权分置改革后，无论是财富效应还是投资效应，中国股票市场对实体经济的影响越来越显著，中国股票市场正在成为货币政策传导的一个有效渠道。孙巍(2010)的实证结果显示，中国货币政策股票价格传导渠道的第一阶段是有效的，即货币政策能显著影响股票价格，在传导渠道第二阶段股票价格的投资效应是显著的，但是股票价格对消费的影响不显著。

总的来看，国内对我国货币政策传导机制研究的重点集中在贷款和货币供应量方面，早期大多数研究认为信贷渠道是中国货币政策传导的主要渠道。但是，由于样本时间段、数据处理方法和计量模型不同，学者们对其他渠道的认识存在一定分歧。随着利率市场化的发展以及我国股票市场的发展，学者们的研究表明利率和资产价格在我国货币政策传导中的作用也越来越显著。

### 1.2.2 微观层面的传导机制实证研究

我国货币政策传导机制是否通畅，除了与我国金融制度和金融市场环境有关以外，货币政策传导的微观基础也是影响货币政策传导效果的重要因素。传统货币政策理论侧重于从宏观总量角度讨论货币政策效应问题，但货币政策效应是由许多微观主体的行为综合决定的，因而必须关注各微观主体的行为对货币政策效应的影响。

(1)银行角度的货币政策微观传导

一些文献从商业银行行为角度考察了货币政策的微观传导机制。例如，张强、李远航和廖宜彬(2011)则认为我国商业银行的一些结构特征，如组织行政化明显、行业集中度较高以及盈利模式较单一等，导致了货币政策信号漏损，传导效果下降。刘书祥和吴昊天(2013)则对我国2002—2008年大型国有银行和中小银行的贷款规模和证券投资组合对货币政策冲击的反应进行研究，研究表明在面对紧缩性货币冲击时，中小银行的贷款规模迅速减少而大型国有银行的贷款减少则不明显，并且不同类型银行持有证券量的时间变化轨迹也有明显差别，因此我国货币政策传导机制中存在着明显的银行信贷渠道效应。李涛和刘明宇(2012)利用中国25家银行2003—2011年的年度数据，研究了我国货币政策传导的银行贷款渠道及银行特征对其的影响。他们的研究结果表明，以资本充足水平为代表的银行特征使得货币政策对不同银行的影响具有异质性，资本充足率越高、流动性比例越大以及资产规模越小的银行越易受到货币政策的冲击。

张勇(2011)考察了紧缩性货币政策对我国银行信贷资金行业配置行为的影响，他的研究发现当央行上调政策利率后，银行会将信贷资金配置到抵押品价值较高的工业和商业贷款，同时减少抵押品价值较低的农业贷款。张西征和刘志远(2011)研究了中国货币政策对商业银行信贷资金分配的影响，研究发现我国货币政策对不同所有制性质和不同信用级别的公司存在较复杂的非对称冲击，这表明中国商业银行在分配信贷资金时存在双重标准，既考虑公司的信用级别，又考虑公司的产权性质。

(2)企业角度的货币政策微观传导

在从企业角度考察货币政策的传导机制时，现有文献主要是从货币政策变化对企业的融资、投资、资产负债表状况等方面来进行研究的。我国企业目前的融资渠道仍然以债务融资为主，货币政策变化引起的企业债务融资规模的变化，必然会影响企业的生产经营资金来源从而影响产出水平。

一些文献考察了货币政策变化对企业获得银行信贷的影响。曾海舰和苏冬蔚(2010)的研究发现，信贷扩张时，规模小、担保能力弱及民营化程度高的公司获得了较多的银行贷款，其负债水平显著上升；而信贷紧缩时，上述三类公司的有息负债率均显著下降，并且中国货币政策松紧对不同类型的公司具有不同的信贷渠道传导效应。

一些文献发现货币政策紧缩时，银行在国有企业与非国有企业之间信贷提供的差别，认为这是企业产权性质导致的“信贷歧视”，但也有文献认为这是由于国有企业与非国有企业之间的禀赋差异导致的。陆正飞、祝继高和樊铮(2009)的研究结果表明，当银根紧缩时，民营上市公司的负债增长率尤其是长期借款增长率明显放缓，而国有上市公司的长期借款率却依然保持较快增长。陆正飞、祝继高和樊铮(2009)认为这是由于商业银行在国有企业与非国有企业之间的信贷歧视，但白俊和连立帅(2012)认为这主要是由国有与非国有企业之间的禀赋差异造成的，国有企业在企业资产规模、债务担保能力、信息透明度等诸多方面都占有优势。

朱磊和章杉杉(2012)研究了在货币政策调整过程中具有不同投资效率的企业的债务融资变化，结果表明在货币政策由宽松型向紧缩型调整的过程中，商业银行将更多的信贷资源投向了投资效率较高的公司，并且商业银行能够将有限的信贷资源向不确定性较低的企业转移，这说明我国商业银行的信贷配置效率得到了显著提高。黄志忠和谢军(2013)的研究表明，宽松的货币政策通过降低企业投资内部现金流敏感性，缓解了企业融资约束，因而促进了企业扩张投资。马文超和胡思玥(2012)的研究表明，当货币政策变化影响到信贷供给时，会导致小企业银行债务融资的下调，而大企业所受影响则相对较小，但是宽松的货币政策却并未引起小企业银行债务的显著增加，大企业的债务融资仍然具有优势。刘飞(2013)同样发现，在货币政策紧缩时期，规模较小的上市公司比规模较大的上市公司银行贷款下降的幅度更大。

郑军(2013)认为，当货币政策从紧时，企业外部融资规模和融资渠道都将受到较大限制，因而企业债务融资成本显著提高；反之，当货币政策较为宽松时，外部融资规模较大且融资渠道较多，因而企业的债务融资成本不会显著提高。李广子和刘力(2009)的研究发现，民营上市公司比非民营上市公司承担了更高的债务融资成本。他们认为，在企业的特征和信用等级等相同时，银行可能会向民营企业索取更高的借款利率或者额外的融资费用，因而民营企业会承担更高的融资成本。

大多数文献是研究货币政策对企业债务融资的影响，但很少有文献研究货币政策对企业股权融资的影响。马文超(2012)对货币政策如何影响企业的权益融资进行了研究，他的研究表明市场时机与企业权益融资密切相关，而货币政策会通过股票价格影响到市场时机，因而货币政策可以改变不同类型企业的权益融资成本，进而引起权益融资的变化。

在货币政策对企业投资的影响方面，彭方平和王少平(2007)选取上市公司的数据实证研究发现，我国货币政策对利润率不同的公司的投资具有显著的非线性效应。他们认为，我国货币政策的利率渠道和信用渠道都是有效的，利率渠道通过资本使用成本对投资产生了显著的负向影响，而信用渠道则通过作用于公司自身现金流对投资产生显著的正影响，并且利率渠道占主导地位。张西征等(2012)分析了货币政策影响公司投资的双重效应，他们的研究结果表明，货币政策不仅通过货币渠道改变公司投资收益，从而影响公司投资需求；而且通过信贷渠道改变公司筹资能力，从而影响公司投资供给。从货币政策对投资影响的需求效应来看，低融资约束公司强于高融资约束公司；从供给效应来看，则是高融资约束公司强于低融资约束公司。彭方平和王少平(2007)利用新古典投资模型，运用动态面板数据模型，从微观角度实证检验了我国利率政策的有效性问题。研究结果表明，货币政策通过改变政策利率以及影响国债到期收益率等，可以影响到企业的资本使用成本，从而对公司的投资行为造成影响，说明了我国利率政策的微观有效性。

另外一些文献研究了货币政策对企业资产负债状况产生的影响。朱新蓉和李虹含(2013)选取上市公司 2007—2013 年的季度数据，运用面板 VAR 方法，研究发现货币政策与上市公司的货币资金持有和投资之间存在双向 Granger 因果关系，我国货币政策对企业现金流和投资均会产生影响，我国货币政策—资产负债表渠道传导基本有效。吴建环和席莹(2007)对高科技企业的金融加速器效应进行了实证研究，发现我国货币政策对高科技小企业投资和净值的影响比对高科技大企业的影响更显著。

(3)居民角度的货币政策微观传导

对货币政策的居民微观传导机制的研究，离不开对居民消费、储蓄和投资行为的微观分析，微观经济主体的居民行为是货币政策传导机制中需要关注的重要因素。在复杂的经济系统中，货币政策对居民消费、储蓄和投资行为的影响往往与其他因素相结合而发挥作用。

陈学彬等(2005)的实证研究指出，我国居民消费储蓄行为中存在较强的预防性储蓄动机，从而对货币政策效应产生了重要影响。仲伟周、胡莹和潘耀明(2009)运用实验经济学方法考察了居民投资和消费对货币政策传导的影响，他们的研究发现，在我国社会保障制度不健全的环境下，居民投资和消费行为在很大程度上制约着货币政策的传导效果。郭新强、汪伟和杨坤(2013)的研究发现，央行在实施扩张性货币政策时，会通过预防性储蓄动机和流动性约束影响居民消费，其中预防性储蓄动机作用更大，而消费习惯增强了货币政策对居民消费影响的持久性，研究认为中国扩张性货币政策倾向于抑制居民消费。

## 1.3 货币政策产业效应的相关研究

一般而言,货币政策是以总量调节为目标的,人们通常也比较关注货币政策对宏观经济的影响。在一些货币政策的经典理论中,每个经济部门通常被假设受货币政策影响的程度是一致的、无差异的,这样的假设忽略了不同的产业和区域在面对同样的货币政策冲击时,由于产业属性和自身特征的不同,对货币政策的反应会存在差异性。后来的学者开始关注货币政策传导的微观基础,指出由于微观主体的异质性,微观主体对货币政策的反应是不同质的。

随着理论和实践研究的不断深入,学者们发现货币政策不仅具有传统意义上的调控总需求的作用,而且具有对产业发展的非对称调节功能。

欧元的诞生以及统一货币政策在欧元区的实施,引发了经济学界对货币政策区域效应的关注。众多的学者研究了统一的货币政策对不同区域的传导渠道的差别以及传导效应的大小,并且一些文献指出货币政策的区域效应之所以存在,其中一个重要原因便是各区域产业构成的不同(Carlino 和 DeFina,1998;闫红波,2007 等)。尽管已经有较多的文献研究货币政策对不同区域的非对称影响,但是研究货币政策对不同产业影响的文献仍然相对较少,并且现有文献着重于研究货币政策对产业是否存在着差异性或结构性影响,而对货币政策是通过何种机制形成对产业差异性或结构性影响的研究较为匮乏。

### 1.3.1 与货币政策产业效应相关的研究

在货币政策的有关研究中,关于货币政策对产业的结构性影响研究起步相对较晚。国外的研究始于 Bernanke 和 Gertler(1995)的开创性研究。他们运用 VAR 模型研究了货币政策对各产业影响是否具有差异性,他们将产出划分成耐用品消费、非耐用品消费、居民投资、商业投资等几个组成部分,从信贷传导机制的角度,证实了货币政策具有显著的产业效应。Ganley 和 Salmon(1997)研究了货币政策对英国 24 个行业产出的非对称性影响，并且还进一步检验了这些行业对非预期货币紧缩政策反应的速度和幅度。Bernd 和 Birgit(1999)选取德国 1978—1994 年的月度数据，利用 VAR 模型检验了德国的制造业内部行业对货币政策的反应，他们的研究表明有 28 个行业对货币政策反应显著，重工业对利率比较敏感，而服装和食品工业则相对不敏感；有 5 个行业对紧缩性的货币政策是负向反应，有 8 个行业是正向反应。Claudio 和 Roberto(2003)研究了美国货币政策对产业的影响以及货币政策在传导产业间冲击方面所起的作用，他们发现货币政策在不同产业间存在着非对称效应，扩张或收缩的货币政策会造成对利率敏感的行业相对于对利率不敏感的行业更大的周期性波动，耐用品消费、非耐用品消费和房地产投资对货币政策的反应最大，设备和软件投资对货币政策的反应较温和，而基础设施投资对货币政策冲击不敏感。

此后，国际上的学者更加重视从产业特征特别是产业内企业财务特征入手来考察货币政策对各产业影响的差异性。Ehrmann 和 Fratzscher(2004)的研究发现，资本密集型行业或者受资金约束更紧的企业受货币政策的影响更大，尤其当货币政策紧缩的时候，资金的拆借难度和利率都会提升，资本密集型行业受到的影响相对于其他行业来说更大。

Dedola 和 Lippi(2005)对 5 个 OECD 成员国(法国、德国、意大利、英国和美国)的货币政策对制造业内部的 21 个行业的影响进行了研究，发现货币政策存在着显著的行业效应，并且货币政策的行业效应远远大于国家效应。货币政策的行业效应主要与行业产品的耐用性、融资需求、借贷能力以及公司规模大小相关。Peersman 和 Smets(2005)对欧洲 7 个国家 11 个产业对货币政策的反应进行了研究，结果发现货币政策对各产业影响存在异质性，他们认为影响货币政策行业效应的主要因素包括行业中企业的财务状况、行业自身的特征以及行业中的企业规模等。Georgopoulos 和 Hejazi(2009)选取加拿大 1988—2003 年的季度数据，引入反映产业特征和财务特征的六个指标，利用面板数据研究了利率对不同行业产出的影响,研究结果表明加拿大货币政策存在着明显的行业效应。

国内关于货币政策对产业的结构性影响的文献起步相对较晚。王剑和刘玄(2005)构建了四个层次的 VAR 模型,就产业层面的投资对货币政策冲击响应速度和深度进行了研究。他们的研究表明:第三产业和第二产业的投资对货币政策反应较为灵敏,而第一产业的投资反应不灵敏;在第二产业内部,建筑业的货币政策灵敏度最高,而能源和原材料工业的灵敏度较低;在工业部门内部,资本密集型的重化工行业对货币政策的反应较快,而劳动密集型行业对货币政策的反应则相对迟缓。戴金平和金永军(2006)的观点则与王剑和刘玄(2005)的相反,他们认为第一产业受货币政策冲击最大,其次是第二产业,最后是第三产业。杨达(2011)运用门限向量自回归模型,检验货币政策对三次产业是否具有非对称影响,研究结果表明第三产业和第一产业对货币政策冲击的反应速度较快且强度较大,第二产业对货币政策冲击的反应速度较慢,并且力度较小。张辉(2013)运用 SVAR 模型研究了货币政策传导变量(利率、信贷、资产价格、汇率)对产业结构的影响,结果发现利率上升会使第一产业的比重上升,信贷规模扩大在短期内会使第三产业比重上升,在长期内则会使第二产业比重上升;汇率的上升会使得第二产业的比重下降并使第三产业比重上升;资产价格的变化对产业比重的影响不明显。吕光明(2013)的实证结果表明,M2 的冲击作用力度最大、时滞最短,信贷的力度和时滞适中,而利率的冲击力度最小且时滞最长,在信贷传导渠道和 M2 传导渠道中,第二产业的反应力度最大,第三产业最小;而在利率传导渠道中,第二产业的反应力度最大,第一产业最小。

以上文献从三次产业的层面,研究了货币政策对产业的非同质影响,另一些文献从行业层面研究了货币政策的非同质影响。闫红波和王国林(2008)运用 VAR 模型研究了我国货币政策对制造业中 30 个行业的产出和价格的影响,研究结果表明,无论是产出还是价格方面,货币政策都存在着行业非对称影响。何静和李村璞(2009)选取 11 个行业的上市公司的季度数据进行研究，发现与货币供应量相比，利率对更多行业的产出有显著影响，受货币政策影响较大的行业有建筑业、水电业、制造业、农业。杨小军(2010)运用VAR模型研究了利率对制造业39个行业的产出和价格的影响，结果显示我国的货币政策对产出存在明显的行业效应，并且出现了“价格之谜”，即提高利率会使得大部分行业产品的价格提高。利率提高后，企业的成本上升，企业的应对策略便是提高价格来缓解负担。朱新蓉和李虹含(2013)选取上市公司2007—2013年的季度数据，运用面板VAR方法分析了货币政策与A股13个行业中企业的货币资金和投资现金流净值的关系，研究发现有8个行业的货币资金持有、投资现金流净值与货币政策之间存在着较强的Granger因果关系，通过脉冲响应分析和方差分解得出结论，认为13个行业的资产负债表渠道传导基本有效，但存在非对称性和部分行业低效性。袁申国和刘兰凤(2009)对我国制造业30个子类行业的行业层面的金融加速器效应大小进行实证研究，研究结果发现有15个行业表现出了明显的金融加速器效应。

### 1.3.2　与货币政策产业效应形成机制相关的研究

上述文献均是着重于检验货币政策对产业的影响是否存在着差异性或结构性，然而很少有文献研究货币政策对产业影响差异的形成机制，少数涉及形成机制的文献，也只是从行业财务特征或者产业特征的角度来说明影响产业对货币政策反应的因素，却未深入探究其背后的机理。

Dedola和Lippi(2005)认为，货币政策的行业效应主要是与行业产品的耐用性、对融资的需求、借贷能力以及公司规模大小相关。George和Walid(2009)针对加拿大利率对各行业的产出影响的研究认为，由于各个行业的金融特征不一样，货币政策通过利率渠道和信用渠道形成了这种行业异质性效应。徐涛(2007)针对中国39个工业行业的研究结果表明，行业的流动资产比率以及行业是否为其他行业生产投入品是影响货币政策行业效应的显著因素。刘舒潇和段文斌(2010)的研究发现，货币政策对产业的影响与产业的金融结构具有系统性关联，产业金融结构的异质性会影响到产业金融加速器效应的大小，从而造成货币政策对各产业的异质性影响。卢盛荣和李文溥(2013)认为，产业的耐用品特性能解释一些产业在衰退时比繁荣时更受货币政策的影响，并且投资密度对货币政策非对称效应具有显著解释力。

通过回顾国内外有关货币政策对产业影响的相关文献，我们可以看到国际上最新的研究文献在考察货币政策对产业影响时比较重视产业特征特别是产业内企业财务特征，而国内研究对此方面的关注仍然不够。此外，现有文献侧重于检验货币政策对产业影响的差异，而很少有文献研究其传导机制。

# 第 2 章　货币政策产业效应的理论基础及模型

自 1998 年央行实现货币政策从直接调控向间接调控转变以来，我国的现代货币政策框架体系也不断完善，央行使用各种货币政策工具实施货币政策意图的能力也更加熟练。货币政策在调节总量经济的同时，也不可避免地对产业发展产生了结构性影响。

本书中“货币政策产业效应”是指货币政策对各产业及其内部行业的影响是非同质、非均衡的，有些产业或行业受货币政策影响程度较大，有些产业或行业受影响程度较小或者不显著，从而使得货币政策对各产业及其内部行业的影响呈现一种结构性差异，并对产业发展及结构调整造成影响，因而货币政策存在着产业效应。

## 2.1　货币政策的产业效应：理论基础

货币政策的产业效应与货币政策传导机制联系密切，我们首先沿着货币政策传导渠道来分析货币政策产业效应的理论基础，以便为后文的深入分析打下基础。

货币政策的传导机制可以分为“货币渠道”和“信用渠道”，货币政策通过这些传导机制作用于银行、居民和企业，从而对实体经济产生影响。各个产业作为企业的集合体，必然会表现出对货币政策的不同反应，我们沿着货币政策传导渠道来从理论上分析货币政策的变化是否会对各产业产生不同影响。

### 2.1.1 货币政策产业效应的传导渠道:货币渠道

#### 2.1.1.1 利率渠道

(1)利率渠道原理

经典的凯恩斯理论认为,利率会通过影响投资支出影响总需求,进而影响产出。利率传导机制强调影响投资的是真实利率而非名义利率。以扩张性货币政策为例,扩张性货币政策降低了短期名义利率,由于价格黏性的存在,短期实际利率也降低了。根据期限结构理论,短期实际利率降低导致长期实际利率降低,进而影响投资和产出。

最初凯恩斯所指的投资主要是指企业投资,后续研究认为居民在住房和耐用消费品方面的支出也属于投资,同样也受利率影响。因此,利率变动影响企业和居民的投资支出,进而影响产出和就业等实体经济变量。

以扩张性货币政策为例,利率渠道整个传导过程可以表示为:

扩张性货币政策 ⇒ 利率 ↓⇒ 投资 ↑⇒ 产出 ↑

(2)利率渠道对产业的结构性影响

在货币政策利率渠道中,各个产业对于利率敏感性的差别是关键因素。不同产业投资对于利率敏感程度是不同的。劳动密集型行业由于较多地使用劳动力要素,而对资本要素的需求相对较小,因而其受利率变化的影响也就相对较小;相反,资本密集型行业对于资本需求较大,金融市场上的资金可得性对其影响较大,并且利率变化对其资金成本影响也较大,因而资本密集型行业受利率变化影响更大。由此可见,各产业对利率敏感度的差异会使得货币政策对产业影响效果不同,投资对利率敏感的产业受货币政策影响更加明显,产出变动更多。

此外,利率变动会改变居民对于耐用消费品的购买,从而对耐用消费品的需求产生影响。消费者对于耐用消费品的支出对利率也较敏感,特别是在消费信贷比较发达的欧美国家。当利率上升时,消费者融资成本上升,会减少对于耐用消费品的支出;反之,则增加耐用消费品支出。若消费者对耐用消费品的支出发生显著变动,这便会引起耐用消费品行业以及与两者相关产业的产出变动。

#### 2.1.1.2　资产价格渠道

(1)资产价格渠道原理

货币政策可以通过资产价格影响投资和消费,从而作用于产出。这里的资产价格主要是指股票价格、房地产价格等各类资产的价格。资产价格渠道主要通过托宾 Q 渠道、财富效应渠道和流动性效应等作用于企业投资和居民消费。

资产价格对投资的影响主要是通过托宾 Q 渠道。根据托宾 Q 理论,若企业市场价值相对于企业的生产设备价值较高,企业则可以用相对高的价格发行股票筹资,并且开设成本相对较低的新工厂或购置新设备,企业会扩大投资;若企业市场价值小于重置成本,企业则可以用相对便宜的价格直接收购另一家企业,投资支出会减少。此外,$q>1$ 时投资者对于企业未来盈利能力的预期要高于投资成本,企业因此会扩大投资;而 $q<1$ 时,投资者对于未来盈利能力的预期低于投资成本,企业因此应当减少投资。

资产价格对居民消费的影响主要是通过财富效应和流动性效应。财富效应是指股票价格、房地产价格等各类资产价格的变化会带来居民财富的变化,从而使消费发生变化,并带动产出增长或下降。流动性效应则是指当股票、房地产等各类资产价格上升时,消费者流动性改善,陷入财务困难的可能性降低,因而会增加耐用消费品的支出,从而带动总产出增加。

以扩张性货币政策为例,货币政策的资产价格传导机制可简单地概括为:

$$\text{扩张性货币政策} \Rightarrow \text{资产价格} \uparrow \Rightarrow \text{消费和投资} \uparrow \Rightarrow \text{产出} \uparrow$$

(2)资产价格渠道对产业的结构性影响

首先,托宾 Q 渠道对产业投资的影响程度不同。面对同一货币政策冲击,各产业股票价格反映模式和程度不一而足,有些产业股票价格对货币政策很敏感,当货币政策变化时其股票价格变动较多,从而对其 Q 值影响较大，并进一步影响到企业的投资规模；反之，有些产业股票价格对货币政策敏感性较弱，从而货币政策通过Q值对其投资影响相应较小。

其次，资产价格渠道会影响人们的消费结构，从而会对产业需求造成影响。当人们收入较低时，消费主要集中在生活必需品等基本消费需求上，而第一和第二产业中生活必需品的比例较高，因此社会对于第一和第二产业的需求较大；而当人们的财富增加、收入增加时，对高层次的产品和服务的需求将会增加。而资产价格的变化会导致人们的总财富发生变化，当资产价格上升时，人们总财富增加，将会增加对非必需消费的需求，而当资产价格下跌引起人们总财富减少时，人们会减少对非必需品的需求。资产价格的流动性效应会通过影响人们的流动性，从而改变人们对耐用消费品的支出。因此，当资产价格上升时，人们流动性改善，对于耐用消费品的需求会增加；反之，当资产价格下跌时，对于耐用消费品的需求则会减少。

#### 2.1.1.3 汇率渠道

(1)汇率渠道原理

伴随着经济全球化的加深，国家之间经济联系越来越紧密，与此同时浮动汇率制度也得到了广泛应用，汇率对宏观经济的影响也越来越大。汇率可以看作是国内外商品和服务的相对价格。我们同样以扩张性货币政策为例来说明汇率渠道的传导过程。当一国实行扩张性货币政策时，其国内真实利率下降，并使得本国货币名义汇率下降，本币贬值，从而使得本国商品相对于外国商品更加便宜，进而刺激出口并使进口减少，由此净出口增加并带来本国产出增加。货币政策的汇率传导机制可以表示为：

扩张性货币政策 $\Rightarrow$ 利率 $\downarrow \Rightarrow$ 汇率 $\downarrow \Rightarrow$ 净出口 $\uparrow \Rightarrow$ 产出 $\uparrow$

(2)汇率渠道对产业的结构性影响

汇率变动可以调节资源在非贸易部门与贸易部门之间的流动。由于服务的可贸易性低于商品，因而汇率的变动对国内服务价格的影响较小。当汇率升值时，国内商品的出口竞争力下降，而服务受影响较小，因而提供服务相比生产商品就会变得更加有吸引力,因而价格的导向作用会促使越来越多的资源流向非贸易部门。在此情况下,汇率升值就有利于资源由第二产业向第三产业转移,从而更有利于第二产业的发展。

而在贸易部门,其内部不同行业在行业规模、对外依存度、利润率等方面存在的差异也会导致贸易部门内部不同行业对汇率变动的反应不同。汇率升值使传统产业利润下降,从而会促使资源从传统产业流向利润率更高的新兴产业。汇率还可以通过利润率和国际竞争,改变国际投资结构,从而改变一国产业结构。

### 2.1.2　货币政策产业效应的传导渠道:信用渠道

货币政策的信用渠道包括银行信贷渠道(狭义信贷渠道)和资产负债表渠道(广义信贷渠道),前者侧重于从银行角度考察其信贷供给能力,而后者则侧重于从公司角度考察其获得贷款的能力,货币政策通过这两个渠道传导至产业后,对产业的影响力存在较大差异。

信用渠道的一个关键概念是企业“外部融资额外费用”或“融资升水”。其具体含义是,由于贷款者与借款者之间的委托—代理问题带来的成本,企业从外部融资(如发行股票和债券)与内部融资(如未分配利润)成本间存在一个差额,即“外部融资额外费用”或“融资升水”。

外部融资额外成本的决定因素有:贷款者评估借款者的信用度、监督合约执行、清收贷款等需要支付的成本;贷款者因无法区分好的和坏的借款者,而可能支付的成本或蒙受的损失;为了防止道德风险,贷款者设计各种限制性合约条款(例如发生违约后如何诉讼、如何要求抵押或担保)而发生的成本。

#### 2.1.2.1　银行信贷渠道

(1)银行信贷渠道基本原理

在大多数国家中,银行是企业融资的主要来源。当货币政策变化时,会影响到银行的可贷资金规模和放贷成本。在现实中,有一些特定的借款人对银行贷款较为依赖,当其所获得的银行贷款规模减小时,难以通过其他渠道来筹集足够的资金，即使他们能够通过其他渠道来替代银行贷款，在此过程中也会增加筹资成本。因此，银行信贷的减少会通过改变企业所获得的资金规模以及筹资成本对企业的经济活动产生影响。

传统的 *IS*－*LM* 模型假定银行贷款和其他债务工具与债券可以完全替代，但事实上贷款和债券并非是完全可替代的。因此，Bernanke 和 Blinder(1988)抛弃了 *IS*－*LM* 模型的该假设，应用 *CC*－*LM* 模型分析了货币政策的银行贷款渠道。*CC*－*LM* 模型中包含货币、债券和贷款三种金融资产，并假定三者不可完全替代。其中，*CC* 曲线反映商品市场和信贷市场同时均衡时名义利率与产出的组合，而 *LM* 曲线则反映的是货币市场均衡时名义利率与产出的组合。

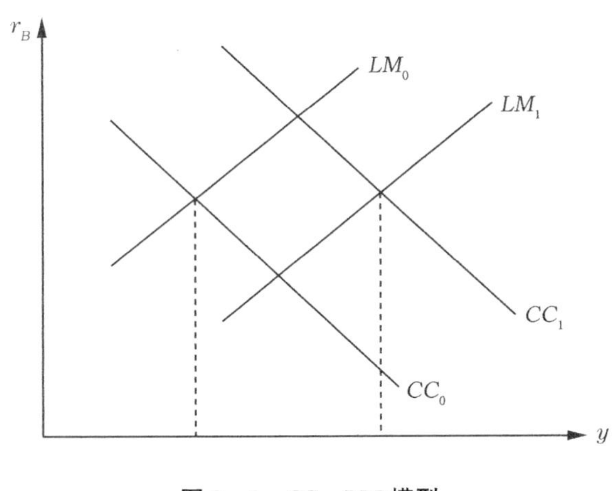


**图 2－1　*CC*－*LM* 模型**

货币供给量的增加不仅使 *LM* 曲线下移，而且使 *CC* 曲线上移，结果产出的增加与 *IS*－*LM* 模型相比得到了加强，而债券利率的变化则不确定。这个结果的一个重要含义是，货币政策可以在不影响债券利率的情况下产生很大的真实效应。以扩张性货币政策为例，银行信贷渠道可表示为：

扩张性货币政策⇒银行可贷资金规模↑⇒企业获得银行贷款规模↑⇒企业投资↑⇒产出↑

(2)银行信贷渠道对产业的结构性影响

银行总体信贷规模的扩大和收缩必然会带来各个产业负债规模的扩张和收缩,以及产业财务杠杆的上升和下降,产业的投资水平由此会受到影响,从而带来各产业产出和利润的变化。

然而,货币政策通过银行贷款渠道对各产业造成的影响是不同的,由于产业特征迥异,各产业从商业银行获得的贷款规模相差甚远。各产业对银行信贷的依赖程度也不同,对银行贷款依赖度高的产业受货币政策冲击也大。例如,资本密集型行业对资金的需求量大,当货币政策变化时,其资金来源会受到影响,从而影响到其投资;有些行业内公司的规模较小,难以通过公开市场获得资金,对银行贷款较为依赖,因而其受货币政策影响会较大。在我国,国有企业往往比较容易获得银行贷款,而非国有企业获得银行贷款的难度则大一些。因此,当货币政策紧缩时,若一个产业内国有企业占比较高,则这个产业贷款规模受到的影响相对小些;若一个产业内非国有企业占比较高,则这个产业的贷款规模受到的影响要大一些。货币政策冲击通过银行信贷渠道会改变产业获得的信贷规模从而影响产业投资,并最终影响到产业产出和利润水平。

### 2.1.2.2 资产负债表渠道

(1)资产负债表渠道的基本原理

银行信贷渠道是从货币政策对银行可贷资金影响的角度来说的,然而企业是否能从银行获得贷款除了与银行自身的可贷资金有关,还与企业的净值有关。企业净值包括实体资产、金融净资产和可用来抵押的预期收益。企业投资水平取决于内部融资来源和外部融资规模及成本,而这两者都取决于资产负债状况。较高的现金流量和资产净值不仅为企业提供了丰富的内源融资,而且使企业获得更多的外部融资并降低融资成本。

资产负债表渠道的核心内容是货币政策变动不仅会影响市场利率本身,而且会通过作用于借款人的资产负债表状况,影响到银行对其的风险评估和贷款意愿,从而改变其能够从银行获得的贷款。

在资产负债表渠道下，企业的可抵押净价值越高，企业面临的外部融资额外费用越低，净价值包括实体资产、金融净资产和可用来抵押的预期收益，而企业投资水平取决于内部融资来源和外部融资来源以及外部融资成本，而这三者都取决于资产负债状况。在扩张性货币政策下，资产负债表渠道可表示为：

扩张性货币政策⇒企业资产负债情况↑⇒企业获得银行贷款规模↑⇒企业投资↑⇒产出↑

(2)资产负债表渠道对产业的结构性影响

各产业由于存在资产负债表结构和规模差异而对货币政策冲击反应程度不同，一些产业或行业由于存货和流动资金来源主要依赖短期借款和债券，或者对资本要素需求较大，因而货币政策对这类产业或行业利息支出影响较大，从而改变企业财务状况，并影响到银行对该产业的贷款。

一些处于上游的产业通常受货币政策的影响更大，上游产业为下游产业提供中间品，其收入受下游产业对中间品的需求影响很大。若货币政策变化引发下游产业对中间品的需求减少，上游产业的收入便会有很大幅度的变化，产业资产负债状况恶化，从而影响银行对该产业的贷款，产业经营状况和产出会进一步恶化。

不同产业融资杠杆也存在着较大的差异，融资杠杆越高的产业或者公司平均规模越小的产业，其与银行信息不对称程度会越高，并且这些产业承受风险的能力也越低。这些产业一旦受到负冲击，利润将成倍下降。在紧缩性货币政策下，产业现金流量和可抵押资产价值下降，因而该产业更难以从银行获得贷款。

可见，银行贷款渠道和资产负债表渠道，两者共同影响了产业所获得的信贷规模，并且各产业的银行信贷规模受货币政策影响程度是不同的。在我国这样以银行中介为主的金融结构下，信贷规模对于产业的发展尤其重要。在扩张性货币政策下，产业所获得银行贷款增加，产业投资与产出增加；反之，紧缩性货币政策下，产业所获得银行贷款减少，致使那些依赖银行贷款融资的产业削减投资，造成产业产值下滑。

## 2.2　货币政策的产业效应:理论模型

在分析了货币政策影响产业发展的理论基础上,我们用一个简单的理论模型来说明货币政策产业效应的原理以及作用于该结构性影响的关键变量。

模型的基本假设是:一国经济处于一个封闭体系内,资本账户不对外开放,并且国内金融体系存在着信息不对称,银行是唯一的资金供给者;国内利率水平由货币市场供求关系决定,且已处于均衡市场利率水平。

假设本国经济体系包含 $n$ 个产业,且每个产业生产函数均是 C—D 形式,即:

$$F_{i,t}=A_{i,t}K_{i,t}^{\alpha}L_{i,t}^{\beta} \tag{2—1}$$

式中,$F_{i,t}$,$A_{i,t}$,$K_{i,t}$ 和 $L_{i,t}$ 分别表示 $t$ 期产业 $i$ 的总产出、知识技术水平、资本存量以及劳动力投入量,$\alpha$ 和 $\beta$ 则为资本和劳动对产出的贡献度。

根据凯恩斯理论,居民的流动性偏好出于交易动机、预防性动机及投机动机这三种原因。其中,出于交易和预防性动机而产生的货币需求与收入成正比;出于投机动机而产生的货币需求与利率成反比,因而货币需求函数可以表示为:

$$M_d=cY-gr \tag{2—2}$$

式中,$M_d$ 表示货币需求,$Y$ 表示收入(产出),$r$ 表示利率水平,$c$ 和 $g$ 则分别表示货币需求的收入弹性和利率弹性。

由假设知货币市场处于均衡状态,因而货币需求等于货币供给,即:

$$M_d=M_s \tag{2—3}$$

将(2—3)式代入(2—2)式可得:

$$r=\frac{1}{g}(cY-M_s) \tag{2—4}$$

由于企业投资需求与利率水平负相关,如果以 $I_{i,0}$ 表示产业 $i$ 在第 $t$

期的自发投资，以 $b_i$ 表示产业 $i$ 投资行为对利率的敏感度，则第 $t$ 期产业 $i$ 投资总额即为：

$$I_{i,t}=I_{i,0}-b_i r \tag{2—5}$$

由于一国金融体系存在信息不对称，根据信贷配给理论，一些借款者即使愿意支付较高的利率也无法获得贷款，因为这样有可能会将一些低风险的优质企业挤出市场。银行会根据产业属性、发展前景以及产业内企业的资产负债状况等产业特征 $h_i$，来决定给予该产业的信贷额度。投资风险较小、发展前景较好且资产负债状况较好的产业，将在同等利率水平下获得更多贷款资金。而一些投资风险大或者资产负债状况不好的产业，所获得的贷款规模则会相对较小。

我们产业属性、发展前景以及产业内企业资产负债状况等产业特征变量 $h_i$ 引入 $b_i$，则有：

$$b_i=b(h_i) \tag{2—6}$$

进一步可得：

$$I_{i,t}=I_{i,0}-\frac{b(h_i)}{g}(cY-M_s) \tag{2—7}$$

在不考虑折旧的条件下，有：

$$K_{i,t}=K_{i,t-1}+I_{i,t} \tag{2—8}$$

即第 $t$ 期产业 $i$ 的资本存量 $K_{i,t}$ 等于 $t-1$ 期资本存量 $K_{i,t-1}$ 与 $t$ 期投资总量 $I_{i,t}$ 的加总。

对产业函数(2—1)式做对数变化可得：

$$f_{i,t}=a_{i,t}+\alpha k_{i,t}+\beta l_{i,t} \tag{2—9}$$

因此可得：

$$f_{i,t}=a_{i,t}+\alpha\ln\left[I_{i,0}-\frac{cb(h_i)}{g}Y+\frac{b(h_i)}{g}M_s+K_{i,t-1}\right]+\beta l_{i,t} \tag{2—10}$$

从(2—10)式可以发现，货币政策对不同产业影响的效力，主要取决于货币供给 $M_s$ 的系数$\frac{b(h_i)}{g}$，而产业$\frac{b(h_i)}{g}$的主要决定因素为产业投资

对利率敏感度 $b_i$ 以及产业特征 $h_i$。

通过以上分析，我们可以看到货币政策对产业的影响是否显著以及作用大小，取决于不同产业对货币供应量变动的反应程度$\left(\text{即} M_s \text{的系数} \frac{b(h_i)}{g}\right)$是否存在差异，而该反应程度又是与产业对利率敏感度以及产业特征（产业属性、产业财务状况）等相关的。因此，产业属性、产业财务状况等产业特征变量的不同，造成了货币政策对产业影响程度的不同，从而进一步导致了货币政策对产业的结构性影响。

## 2.3　中国货币政策与产业发展现实

我国中央银行在应对历次经济波动中，以不同货币政策工具试图“熨平”经济起伏。货币政策的运用经历了从直接调控向间接调控为主的转变，政策最终目标从“发展经济、稳定货币”转向到“稳定币值，并以此促进经济增长”；中介目标从以“信贷规模控制”演变为“调控货币供应量”；货币政策操作目标从“信贷规模”转变到“控制基础货币”，逐步向以运用各种间接调控工具（存款准备金率、公开市场操作、再贴现率等）为主发展。

20 世纪 90 年代中期，随着中国人民银行作为中央银行的职能得到确立，中国开始执行并实施真正意义上的货币政策，中央银行开始公布货币供应量，并开始从直接控制信贷规模，转向以货币供应量为中介目标的货币调控政策。1995 年，我国将货币政策目标确定为“稳定币值，并以此促进经济增长”。1998 年，人民银行取消了对国有商业银行贷款限额的控制，货币政策中介目标完全转为控制货币供应量和多种政策工具配合使用，自此货币供应量开始在我国货币政策框架中扮演重要作用。

从中国货币政策操作的工具选择来看，大致可以分为数量型工具和价格型工具。数量型工具主要包括公开市场操作、存款准备金率以及 2011 年初引入的基于宏观审慎管理的差别准备金动态调整机制等；价格工具主要包括利率政策和汇率政策等。

货币政策的工具和目标随着经济形势的发展变化而在不同时期有所侧重。中国货币政策以货币供应量为中介目标，因而比较倚重数量型工具，并且不同时期对公开市场操作和存款准备金率的侧重点有所不同。我国的公开市场业务始于1996年，并且公开市场业务逐渐成为我国央行货币政策操作中比较重要的工具。公开市场业务回笼基础货币的交易方式主要有正回购和现券卖断，但它们均受央行持有债券资产的限制。自2003年开始，随着我国经济逐步走出低谷，热钱流入和外汇占款增加与日俱增，我国央行开始直接发行央行票据，以控制由于购买外汇储备而可能导致的基础货币增加与通货膨胀。但是近年来，随着经济金融形势的发展，央行票据正在慢慢演变成为一种有中国特色的公开市场操作的货币政策工具。

在货币理论中，法定存款准备金率是一剂"猛药"，发达国家已基本上不将法定存款准备金率作为货币政策的操作工具。但是，中国自1984年建立存款准备金制度后，央行就一直把法定存款准备金率作为货币政策执行的重要工具之一。尤其是2006年后伴随着央票余额的不断增加，法定存款准备金率更是成为主要的货币政策工具。

存款准备金率的调整，能够起到调控基础货币派生能力的作用，因而成为我国央行调控货币供应量的重要手段，央行可以根据需要主动调整存款准备金率，深度冻结或放松流动性，从而能够达到调控货币供应量的目标。我国在对存款准备金率工具的运用中，在总结国际金融危机教训的基础上，于2011年初引入了差别准备金动态调整机制，由于该机制能够将宏观审慎所要求的资本水平与信贷投放联系起来，因而可以更好地引导金融机构自我保持稳健，以便发挥其逆周期调节信贷投放的作用。

2013年以来，我国开展了一系列货币政策工具创新，在传统的存贷款基准利率、法定准备金率等政策工具之外，央行引入了包括SLO、SLF、MLF、PSL等一系列货币政策工具，还实施了定向降准、定向降息等结构性货币政策，这些工具的使用频率和市场影响力在不断增强。而对于传统的法定存款准备金率等数量型工具的使用频率则有明显降低。我国货币政策中市场化手段和价格传导机制正逐渐发展,正在从数量型工具主导向价格型工具主导的政策框架渐进转变。

从三次产业来看,我国第一产业在国民经济中的比重持续下降,很长一段时间国民经济一直以第二产业为主导,直至2013年第三产业在国民经济中所占比重才首次超过第二产业,达到46.09%。

受需求驱动,第二产业内部结构也发生了适应性变化。2003年以来,投资需求成为我国经济增长的主导,原材料和装备制造等工业得到快速发展;2008年国际金融危机发生以后,为应对危机,中国出台了以扩大内需为主的经济刺激计划,经济增长对投资的依赖程度进一步提高,使得与固定资产投资相关的行业在第二产业中所占比重进一步上升。随着我国居民消费结构由温饱为主向享受和便捷升级转变,手机、微型电子计算机及耐用消费品、汽车和房地产行业快速增长,而食品、纺织等满足基本生活需求的轻加工制造行业因需求弹性较低增长相对缓慢。此外,随着全球化的深入和国际分工的加强,对外贸易成为中国经济增长和吸纳就业的重要因素,我国具有比较优势的出口导向型行业增长较快。

中国第三产业快速发展,2005年以来除了国际金融危机发生前后的三年,大部分年份第三产业增长速度均超过第二产业,第三产业在国民经济中所占比重总体保持上升趋势,并于2013年首次超过第二产业,达到46.09%,近年来第三产业在GDP中所占比重继续上升。由于服务业在产业结构调整以及吸纳就业方面的重要作用,国务院提出除了需要在规模上扩大服务业以外,还需要实现服务业结构的显著优化,并使就业容量显著增加。①

通过以上分析,我们可以看出各产业及其内部行业的发展与同时期的货币政策以及宏观经济环境是密不可分的。货币政策与三次产业之间以及产业内部不同行业的发展速度均存在着密切的联系。

---

① 见国务院2007年提出的《关于加快发展服务业的若干意见》(国发〔2007〕7号)。

本章就中国货币政策对产业发展的影响进行了理论和事实分析。首先沿着货币政策传导渠道探讨了货币政策对产业的结构性影响的理论基础,并且利用一个理论模型阐明了影响货币政策对产业的结构性影响的关键变量。然后对中国货币政策的政策目标、货币政策工具运用等进行了一个概述,并且从现象上分析了我国货币政策与产业及其内部行业发展之间的关系。我国货币政策与产业发展之间的事实分析表明,我国货币政策与产业发展之间存在着密切的关系。

# 第 3 章　货币政策产业效应的实证研究：基于上市公司微观数据分析

货币政策作为一种重要的宏观调控手段，是经济增长中资源配置和结构调整的有力工具。货币政策可以通过影响储蓄、投资总水平以及资金配置的效率推动经济的增长。由于各个产业的产业属性以及自身特征的不同，货币政策调整也会导致资金配置和流向在各产业间发生变化，并且货币政策变化所带来的需求变化对各产业的冲击效果迥异，因而货币政策对各产业的影响并不是同质的。货币政策的调整可能会促进某些产业或行业的快速发展，却也可能会抑制某些产业或行业的成长。本章中“货币政策产业效应”即是指货币政策对各产业及其内部行业影响的这种结构性差异，并对产业发展及结构调整造成影响。

我国中央银行在应对历次经济波动中，致力于以货币政策“熨平”经济起伏，货币政策总体上以总量调节为主。然而，货币政策对各产业的影响却并非同质，货币政策所带来的产业或产业内部行业增长速度的不同，会引致货币政策对我国经济转型与产业结构调整产生深刻影响。

## 3.1　货币政策对三次产业的影响效应实证分析

中国经济总量在持续高速增长的同时，也存在着增长质量不高以及结构性矛盾突出等问题，面临着经济转型和产业结构调整的紧迫任务。货币政策作为国家宏观调控的重要手段和资源配置的重要方式，是影响产业增长以及结构调整的重要因素。我们首先从三次产业的层面来考察货币政策对产业的结构性影响。

对于三次产业的划分标准,本书采用《国民经济行业分类》(GB/T 4754—2011)的分类标准,其中第一产业是指农、林、牧、渔业(不含农、林、牧、渔服务业);第二产业是指采矿业(不含开采辅助活动),制造业(不含金属制品、机械和设备修理业),电力、热力、燃气及水生产和供应业,建筑业;第三产业即服务业,是指除第一产业、第二产业以外的其他行业①,由于金融行业对货币政策反应的特殊性,本书的研究在第三产业中并未将金融行业包括在内。

### 3.1.1 实证模型和变量选择

(1)实证模型选择

已有的关于中国货币政策传导效应的实证检验中,大多数研究是使用宏观数据,由于产出、投资与货币政策变量往往同时具有顺周期波动特征,因此这种内生性会导致使用宏观数据估计出的货币政策效应与实际情况有所偏差。所以,近年来国外实证检验货币政策效应的文献有许多是利用微观企业面板数据来估计企业投资和产出对货币政策的敏感性。

国内关于货币政策对产业影响的文献中,大多数是基于行业层面的加总数据或者平均数据的 VAR 族模型的研究,也存在着忽视行业内企业异质性的问题。目前国际上的研究更加重视从产业特征特别是产业内企业财务特征入手来考察货币政策对各产业影响的差异性,如 Peersman 和 Smets(2005)、Dedola 和 Lippi(2005)。

使用微观企业面板数据的优势不仅在于可引入横截面异质性来控制宏观经济变量的内生性问题,设定时间虚拟变量以控制特殊时点的影响,微观企业数据而且可以纳入更多企业资产负债表信息和金融市场摩擦因素,便于反映产业特征从而可以比较货币政策对各产业影响的差异。因

---

① 第三产业包括:批发和零售业,交通运输、仓储和邮政业,住宿和餐饮业,信息传输、软件和信息技术服务业,金融业,房地产业,租赁和商务服务业,科学研究和技术服务业,水利、环境和公共设施管理业,居民服务、修理和其他服务业,教育、卫生和社会工作,文化、体育和娱乐业,公共管理、社会保障和社会组织,国际组织,以及农、林、牧、渔业中的农、林、牧、渔服务业,采矿业中的开采辅助活动,制造业中的金属制品、机械和设备修理业。

此，本书在考察货币政策对产业的结构性影响时，拟基于各产业内微观企业的面板数据来检验各产业对于货币政策的敏感性。

我们对第一、第二和第三产业分别建立一个面板数据模型，利用该产业内企业层面的数据来估计模型。为保证样本总数尽可能地大，本书使用非平衡面板数据模型，参考 Georgopoulos 和 Hejazi(2009)的研究并且结合本书研究的实际情况，我们利用以下模型来估计货币政策变动对产业结构调整的影响：

$$Y_t^{i,j} = \alpha_i + \beta_i MP_t + \gamma_i Fiscal_t + \lambda_i Invest_t + \theta_{1,i} Debtra_{i,t} + \theta_{2,i} Cashra_{i,t} + \theta_{3,i} Finara_{i,t} + \theta_{4,i} Stockd_{i,t} + \theta_{5,i} Asset_{i,t} + u_i tq_t + e_{i,t} \tag{3—1}$$

实证方程(3—1)中，下标 $t$ 表示时间，$j$ 表示产业，$i$ 表示 $j$ 产业内的企业，$\alpha_i$ 是常数项，$e_{i,t}$ 为随机误差。其中，$Y_t^{i,j}$ 表示 $i$ 行业内 $j$ 企业的产出，$MP_t$ 表示货币政策变量，我们分别选取货币供应量和利率来考察，$Fiscal_t$ 和 $Invest_t$ 是宏观控制变量，分别表示财政政策和固定资产投资，$Debtra_{i,t}$、$Cashra_{i,t}$、$Finara_{i,t}$、$Stockd_{i,t}$、$Asset_{i,t}$ 是企业微观控制变量，$tq_t$ 是时间虚拟变量，用以反映 2008 年金融危机对企业产出的影响。根据 Hausman 检验，我们选用固定效应面板数据模型。

(2)实证变量选择

①产出变量($Y_t^{i,j}$)：对于企业的产出，我们可以用企业营业收入来衡量。虽然营业收入低估了产出，但是因为产出还包括存货投资，所以基于企业的实际运作，营业收入可以作为产出的一个很好的替代变量(Gianni，2004)。因此，我们用企业的营业收入来作为产出的代理变量，并取其季度同比值的对数，可以表示成 $Y_t^{i,j} = \ln(y_t^{i,j} / y_{t-4}^{i,j})$，其中 $y_t^{i,j}$ 表示企业某一年第 $n$ 个季度的产出，$y_{t-4}^{i,j}$ 表示企业上一年同一季度的产出。

②货币政策变量($MP_t$)：本书选取了货币供应量(M2)和银行间 7 天同业拆借利率(Rate)来作为货币政策变量。虽然我国货币政策中介目标仍然是货币供应量，但随着利率市场化的发展，利率对宏观经济的调节功能正在逐步增强。随着我国中央银行公开市场操作力度的加大和利率市场化的进

展,货币市场利率不仅成为中央银行调控的重要目标之一,而且货币市场利率变动可以较准确地反映资金的市场供求状况,而我国的存贷款利率尚未完全实现市场化,因而从严格意义上来讲还不能代表我国资金供求格局的变化。因此,本书选取银行间 7 天同业拆借利率的季度加权平均值来作为利率的代理变量。同样地,对于货币供应量和利率,我们首先对货币供应量和利率取其季度平均值,其次计算其季度同比值并取对数。由于货币政策对产业产出的影响存在时滞,因此我们这里选取的货币供应量领先于企业营业收入两个季度,而利率领先于企业营业收入四个季度。

③财政政策变量($Fiscal_t$):企业产出除了受货币政策影响外,还受其他的宏观经济政策影响,财政政策即是其中最重要的政策之一。本书选用财政支出变量来衡量财政政策,因为企业收入受财政政策的影响有一定的滞后期,我们选取领先于企业收入一个季度的财政支出同比值的对数。

④固定资产投资变量($Invest_t$):中国经济增长对固定资产投资较为倚重,我们选取全社会固定资产投资来控制这一影响,也是选取季度同比值的对数。

⑤企业微观控制变量的选取:近年来,国际上关于货币政策产业效应的研究比较重视产业特征以及产业财务特征的作用,参考 Peersman 和 Smets(2005)、Dedola 和 Lippi(2005)以及 George 和 Walid(2009)的研究,本书选取了一系列指标(包括资本结构指标、流动性指标、营运能力指标、财务成本指标以及规模指标五个方面的指标)来反映企业自身因素对收入的影响,各指标的含义如下:

资产负债率(*Debtra*),即负债总额/资产总额,该指标反映了资本结构。流动性指标,本书用现金比率(*Cashra*)来衡量,即(货币资金+交易性金融资产+应收票据)/流动负债,一般认为,企业的流动性越好,受到货币政策的影响程度就越小。营运能力指标,反映了企业对经济资源管理、运用的效率高低,我们用存货周转天数(*Stockd*)来反映,存货周转天数越少表示企业的营运效率越高。财务成本(*Finara*)指标,本书用财务费用/销售收入来表示,一般认为企业的财务费用指标越高,企业的生产成本越高,对货币政策的反应也越大。规模(*Asset*)指标,我们用企业总资产来作为代理变量,若企业规模较大则货币政策对该企业影响较小;反之,若企业规模较小则货币政策对该企业影响较大。

⑥时间虚拟变量($tq_t$):我们设置了时间虚拟变量,用以考虑 2008 年后次贷危机以及我国四万亿元刺激政策的影响。当时间为 2008 年第四季度至 2010 年第一季度时,时间虚拟变量为 1;当处于其他时间段时,该虚拟变量取值为 0。

(3)样本区间和数据来源

我们选取作为"经济晴雨表"的上市公司的数据来作为代表。由于上市公司可以提供规范、完整且可比的包括财务数据在内的各种数据,而且上市公司能够提供细致的产业和行业划分标准,因而采用上市公司的微观企业数据来进行研究可以为我们提供新的视角。

我们根据证监会 2012 年修订的《上市公司行业分类指引》确定上市公司所属的产业。直至 2003 年,我国上市公司才开始公布完整的季度数据,因此我们选取的时间区间为 2003 年第一季度至 2013 年第二季度。对于上市公司的数据,我们剔除了金融行业的上市公司、ST 类上市公司和明显偏离行业内部平均值的异常公司的数据,为使样本总数尽可能地大,本书使用了非平衡面板数据模型,样本共包括 1 722 家上市公司。本书所有原始数据均来自万德(WIND)。

### 3.1.2　实证分析及结果解释

(1)货币供应量对三次产业的结构性影响

通过对三次产业内上市公司微观面板数据进行数据回归,本书得到如下实证结果(见表 3—1)。

**表 3—1　　货币供应量对三次产业的结构性影响**

| | 第一产业 | 第二产业 | 第三产业 |
|---|---|---|---|
| 常数项 | −0.295 | −16.81*** | −16.93*** |
| | (0.981) | (0.000) | (0.000) |

续表

| | 第一产业 | 第二产业 | 第三产业 |
|---|---|---|---|
| 货币政策变量 | | | |
| *M2* | 0.578<br>(0.477) | 2.805***<br>(0.000) | 2.364***<br>(0.000) |
| 宏观控制变量 | | | |
| *Fiscal* | 1.346*<br>(0.082) | 0.004 52<br>(0.934) | 0.028 5<br>(0.830) |
| *Invest* | −1.672<br>(0.442) | 0.708***<br>(0.000) | 1.090***<br>(0.001) |
| 微观控制变量 | | | |
| *Debtra* | −0.006 73***<br>(0.006) | −0.000 016 2<br>(0.932) | −0.000 442<br>(0.567) |
| *Cashra* | −0.018 8<br>(0.255) | −0.002 94<br>(0.277) | −0.000 222<br>(0.289) |
| *Finara* | −0.000 229***<br>(0.005) | −0.000 606***<br>(0.000) | −0.000 390<br>(0.761) |
| *Stockd* | −0.000 030 1***<br>(0.000) | −0.000 019 4**<br>(0.015) | −0.000 003 25***<br>(0.000) |
| *Asset* | −0.124<br>(0.594) | 0.055 8***<br>(0.002) | 0.137***<br>(0.000) |
| 时间虚拟变量 | | | |
| *tq* | −0.079<br>(0.400) | −0.241***<br>(0.000) | −0.174***<br>(0.000) |

注:(1)括号内的数值为对应系数的 $p$ 值;(2) *、**、*** 分别表示在 10%、5%、1%的统计水平上显著。下同。

由表 3—1 可以看到,2003 年以来,我国货币供应量对第二和第三产业有着显著的正向作用,而对第一产业的作用不显著,即扩大货币供应量促进了第二和第三产业的产出增长,而对第一产业作用不明显。并且,货币供应量对第二产业的作用大于第三产业。

从表 3—1 中还可以看到,财政政策对第一产业的作用是显著的,而对二、三产业的作用不显著。这说明 2003 年以来我国的财政支出较好地促进了第一产业的发展,对二、三产业却没有起到相应的作用。这可能是由于我国政府在财政支出中比较侧重对第一产业的财政补贴。与财政政策的作用相反,固定资产投资则是对二、三产业有着显著的影响,对第一产业影响不显著。这是因为固定资产投资的增加对二、三产业的需求有较大影响,因而二、三产业的产出增长对固定资产投资较敏感,相反第一产业则对固定资产投资不敏感。

从实证结果中,我们可以得出以下结论:货币供应量的增长较好地促进了第二和第三产业的发展,从而能够促进二、三产业在总产出中的比重提升。第一产业由于对货币供应量不敏感,M2 的增加并没有能够很好地促进第一产业的发展。由于第二产业对货币供应量的变化最为敏感,故 M2 的增加对第二产业的促进作用最大。因此,货币供应量的增加有利于提高第二产业在总产出中所占比重。

这样的结论与实际情况是相符的,1995 年以来,我国 M2 同比增长基本上保持在 14%以上,M2 的较快增长,推动了第二产业的较快发展,表现最为明显的便是 2003 年和 2009 年前后,这两个时期 M2 的大幅上升都推动了第二产业的快速上升,使得第二产业的增长速度大幅领先于第三产业和 GDP。其中:2003 年,我国 M2 同比增长由上年的 15.01%跃升至 20.00%,推动第二产业同比增长由 9.8%上升至 12.70%;2009 年,我国 M2 同比增速高达 26.50%,推动第二产业同比增速由 9.90% 跃升至 12.30%,而第三产业却仅仅由 9.60%上升至 9.80%。这两个时期的货币政策均引致第二产业在 GDP 中占比上升,而第三产业占比却下降。

近年来,我国第三产业虽然获得了较快的发展,但其在国民经济中的地位却并没有如预想中的那样得以快速提升,第二产业在国民经济中仍然占据很大比重,根据本书的实证结果,对此状况,货币政策的作用不容忽视。

(2)利率对三次产业的结构性影响

本书接着来考察利率对三次产业的结构性影响,实证结果如表 3—2 所示。从表 3—2 可以看到利率对第二和第三产业有着显著的负向影响,对第一产业影响不显著,并且利率对第二产业的作用大于第三产业。

表 3—2　　　　利率对三次产业的结构性影响

| | 第一产业 | 第二产业 | 第三产业 |
|---|---|---|---|
| 常数项 | 1.791 | −7.759*** | −8.884*** |
| | (0.864) | (0.000) | (0.000) |
| 货币政策变量 | | | |
| *Rate* | 0.025 6 | −0.103*** | −0.071 5*** |
| | (0.777) | (0.000) | (0.000) |
| 宏观控制变量 | | | |
| *Fiscal* | 1.263* | 0.033 5 | 0.019 0 |
| | (0.075) | (0.527) | (0.887) |
| *Invest* | −1.445 | 1.557*** | 1.752*** |
| | (0.523) | (0.000) | (0.000) |
| 微观控制变量 | | | |
| *Debtra* | −0.006 70*** | 0.000 005 87 | −0.000 380 |
| | (0.006) | (0.976) | (0.624) |
| *Cashra* | −0.018 0 | −0.002 32 | −0.000 201 |
| | (0.269) | (0.314) | (0.284) |
| *Finara* | −0.000 230*** | −0.000 605*** | −0.000 383 |
| | (0.005) | (0.000) | (0.767) |
| *Stockd* | −0.000 030 3*** | −0.000 019 4** | −0.000 003 22*** |
| | (0.000) | (0.017) | (0.000) |
| *Asset* | −0.136 | 0.080 4*** | 0.156*** |
| | (0.573) | (0.000) | (0.000) |
| 时间虚拟变量 | | | |
| *tq* | −0.053 1 | −0.161*** | −0.102*** |
| | (0.498) | (0.000) | (0.001) |

以往的一些文献表明，利率对产出的影响不显著，这可能是由于样本区间的选择不同以及实证方法的不同。随着利率市场化的发展，以及我国经济主体对资金成本敏感性的提高，利率发挥作用的微观基础已得以提升，我国利率对经济的调节能力也已得到很大提高。此外，以往基于宏观数据和 VAR 族模型的研究，也可能会忽视经济主体的异质性，从而低估利率对实体经济的调节能力。

从表 3—2 中可以看出,提高利率会使得二、三产业的产出增长速度下降,降低利率则会促进二、三产业产出增长速度的提高,而第一产业的产出增长速度受利率影响不明显。由于利率对第二产业的作用幅度大于第三产业,因而利率上调会使得第二产业的产出增长下降幅度大于第三产业,从而有利于第三产业在 GDP 中比重上升,而利率下调所带来的第二产业产出增长幅度大于第三产业,从而有利于第二产业在 GDP 中比重上升。

综合三次产业对货币供应量和利率的敏感度来看,货币政策对二、三产业的作用是显著的,而对第一产业作用不显著,货币供应量与利率对第二产业的作用均大于第三产业,因而货币政策变动对第二产业的影响大于第三产业。

从我国的产业发展状况来看,第一产业的比重逐渐下降,第二产业 2013 年之前一直是主导产业,第三产业的增长速度虽然较快,但其在国民经济中的地位却仍然有待提高。除了体制障碍因素和分工模式外,我国的货币政策对此种状况有着重要影响。

我国货币供应量的较快增长,在推动我国整体经济较快增长的同时,对产业结构也造成了结构性影响。由于第二产业对货币供应量最为敏感,因而其从货币供应量增长中受益最大。货币供应量的增加虽也推动了第三产业的发展,但相对第二产业来说力度小些。因此,货币供应量的较快增加在推动二、三产业总产值在 GDP 中占比上升的同时,在一定程度上更有利于第二产业发展,而对第三产业推动相对较小。

## 3.2　货币政策对制造业内部的产业效应实证分析

产业的发展程度和结构调整,不仅仅表现在三次产业的总量层面,更应体现在产业内部的结构调整和技术进步上,包括三次产业内各行业间、同一产业链内部以及同一行业的各类企业间资本密集程度、技术进步程度、生产附加值和综合生产率等的提升。从某种程度上来说,产业内部的结构调整更加能够体现产业升级的程度以及经济转型的情况。

显然，我们不仅要关注货币政策对三次产业层面的影响，而且要关注货币政策对产业内部不同行业的影响。在我国的产业结构中，第二产业占了很大比重，是我国的主导产业。第二产业内部根据不同要素的使用情况可以分为劳动密集型行业、资本密集型行业和技术密集型行业。在过去很长一段时间内，劳动密集型行业占了第二产业的很大比重。要改变过去倚重劳动要素投入的粗放式发展模式，就必须加快发展资本密集型行业和技术密集型行业。

### 3.2.1 劳动、资本及技术密集型行业划分方法与实证模型

本书参照李利(2012)和王岳平(2004)的分类方法，将第二产业内行业划分成劳动密集型、资本密集型和技术密集型行业，以便更深入地反映货币政策对第二产业内行业的结构性影响。

李利(2012)和王岳平(2004)根据中国情况，采用资本—劳动力比率、劳动力报酬—产出比率来衡量行业的资本密集和劳动密集程度，并综合采用R&D费用/销售额、(从事R&D活动的科学家人数+工程技术人员数)/就业总人数以及微电子设备/生产经营设备来衡量行业的技术密集程度，将第二产业划分成劳动密集型行业、资本密集型行业以及技术密集型行业。①

我们首先根据证监会2012年修订的《上市公司行业分类指引》确定上市公司所属的行业，然后参照李利(2012)和王岳平(2004)的方法，进一步将第二产业内的上市公司根据要素密集的不同，划分成劳动密集型行业、资本密集型行业和技术密集型行业，具体分类方法如表3—3所示。

---

① 通常学者们在衡量资本密集型和劳动密集型行业时，采用如下指标：(1)资本—劳动力比率(即有机构成)；(2)资本—产出比率(即资本系数，$K/Y$)；(3)产出—劳动力比率(即劳动生产率，$Y/L$)；(4)劳动力报酬—产出(增加值)比率($W/Y$)。而在衡量技术密集度时，通常采用如下指标：(1)R&D费用/销售额；(2)(从事R&D活动的科学家+工程技术人员数)/就业总人数；(3)R&D费用/从事R&D人员数。

**表 3—3　　上市公司劳动、资本和技术密集型行业分类方法**

| 劳动密集型行业 | 资本密集型行业 | 技术密集型行业 |
|---|---|---|
| 煤炭开采和洗选 | 石油和天然气开采业 | 印刷和记录媒介复制业 |
| 黑色金属矿采选业 | 造纸和纸制品业 | 医药制造业 |
| 有色金属矿采选业 | 化学纤维制造业 | 通用设备制造业 |
| 农副食品加工业 | 黑色金属冶炼和压延加工业 | 专用设备制造业 |
| 食品制造业 | 有色金属冶炼和压延加工业 | 汽车制造业 |
| 酒、饮料和精制茶制造业 | 石油加工、炼焦和核燃料加工业 | 铁路、船舶、航空航天和其他运输设备制造业 |
| 纺织业、纺织服装、服饰业 | 化学原料和化学制品制造业 | 电气机械和器材制造业 |
| 皮革、毛皮、羽毛及其制品和制鞋业 | 电力、热力生产和供应业 | 计算机、通信和其他电子设备制造业 |
| 木材加工和木、竹、藤、棕、草制品业 | 燃气生产和供应业 | 仪器仪表制造业 |
| 家具制造业 | 水的生产和供应业 | 废弃资源综合利用业 |
| 文教、工美、体育和娱乐用品制造业 | | |
| 橡胶和塑料制品业 | | |
| 非金属矿物制品业 | | |
| 金属制品业 | | |
| 房屋建筑、土木工程建筑、建筑安装、装饰及其他建筑业 | | |

为了便于比较,本部分的实证模型仍然沿用第一节中的非平衡固定效应面板数据模型(3—1),模型的形式与变量含义均与上文相同。本书对第二产业中劳动密集型、资本密集型和技术密集型三类行业分别建立一个面板数据模型,利用该行业内上市公司企业层面的数据来估计模型。时间区间同样为 2003 年第一季度至 2013 年第二季度,并且剔除了 ST 类上市公司和明显偏离行业内部平均值的异常公司的数据,原始数据来自万德。

### 3.2.2 制造业内部货币政策产业效应实证分析

(1)货币政策对不同要素密集型行业影响效应实证分析

根据模型(3—1),我们使用面板数据分别对货币供应量和利率方程进行回归。我们分别对第二产业内劳动密集型行业、资本密集型行业和技术密集型行业建立固定效应面板模型进行估计,回归的结果如表 3—4 和表 3—5 所示。

从表 3—4 中可以看到,货币供应量对不同要素密集程度的行业都存在着显著的正向影响,即货币供应量的增加会使得第二产业内各个行业的产出增加。但是,各个行业受货币供应量增加的影响程度是不同的,资本密集型的行业受到的影响最大,货币供应量同比增加 1%会使得资本密集型行业产出同比增加 3.285%;其次便是技术密集型行业,货币供应量同比增加 1%使其产出同比增加 2.606%;劳动密集型行业受 M2 影响最小,货币供应量同比增加 1%使其产出同比增加 2.348。因此,货币供应量的增加对资本密集型行业产出的促进作用最大,其次是技术密集型行业,而对劳动密集型行业产出的促进作用最小。

**表 3—4　　货币供应量对劳动、资本及技术密集型行业的影响**

| | 劳动密集型行业 | 资本密集型行业 | 技术密集型行业 |
|---|---|---|---|
| 常数项 | −15.71*** | −20.11*** | −14.90*** |
| | (0.000) | (0.000) | (0.000) |
| 货币政策变量 | | | |
| *M2* | 2.348*** | 3.285*** | 2.606*** |
| | (0.000) | (0.000) | (0.000) |
| 宏观控制变量 | | | |
| *Fiscal* | 0.105 | 0.000 870 | −0.061 5 |
| | (0.340) | (0.994) | (0.401) |
| *Invest* | 0.831*** | 0.897*** | 0.583*** |
| | (0.008) | (0.000) | (0.009) |

续表

| | 劳动密集型行业 | 资本密集型行业 | 技术密集型行业 |
|---|---|---|---|
| 微观控制变量 | | | |
| *Debtra* | 0.000 238<br>(0.574) | 0.002 95***<br>(0.007) | 0.000 026 4<br>(0.901) |
| *Cashra* | −0.010 7***<br>(0.000) | −0.005 03<br>(0.262) | −0.001 38<br>(0.504) |
| *Finara* | −0.005 73***<br>(0.003) | −0.007 20*<br>(0.054) | −0.000 533***<br>(0.000) |
| *Stockd* | −0.000 017 4***<br>(0.001) | 0.000 007 42<br>(0.706) | −0.000 001 53<br>(0.845) |
| *Asset* | 0.060 3**<br>(0.027) | 0.054 0<br>(0.119) | 0.043 1<br>(0.141) |
| 时间虚拟变量 | | | |
| *tq* | −0.174***<br>(0.000) | −0.371***<br>(0.000) | −0.184***<br>(0.000) |

从表3—5中可以看到，利率对各个行业都存在着显著的负向影响，即提高利率会使得第二产业内部的劳动、资本和技术密集型行业的产出都下降，而降低利率会使得第二产业内不同要素密集型行业的产出都上升。与对货币供应量的反应类似，利率对第二产业中的资本密集型行业影响最大，利率同比提高1%会使资本密集行业产出同比下降0.125%；利率对劳动密集型行业的影响最小，利率同比变动1%使劳动密集型行业产出同比变动0.067 9%。

**表3—5　　利率对劳动、资本及技术密集型行业的影响**

| | 劳动密集型行业 | 资本密集型行业 | 技术密集型行业 |
|---|---|---|---|
| 常数项 | −8.128***<br>(0.000) | −9.430***<br>(0.000) | −6.551***<br>(0.000) |
| 货币政策变量 | | | |
| *Rate* | −0.067 9***<br>(0.000) | −0.125***<br>(0.000) | −0.112***<br>(0.000) |

续表

| | 劳动密集型行业 | 资本密集型行业 | 技术密集型行业 |
|---|---|---|---|
| 宏观控制变量 | | | |
| *Fiscal* | 0.095 1 | 0.029 9 | 0.000 234 |
| | (0.390) | (0.773) | (0.997) |
| *Invest* | 1.572*** | 1.872*** | 1.351*** |
| | (0.000) | (0.000) | (0.000) |
| 微观控制变量 | | | |
| *Debtra* | 0.000 305 | 0.003 28*** | 0.000 016 5 |
| | (0.456) | (0.003) | (0.938) |
| *Cashra* | −0.007 89*** | −0.003 23 | −0.001 15 |
| | (0.004) | (0.433) | (0.539) |
| *Finara* | −0.005 85*** | −0.007 42** | −0.000 530*** |
| | (0.004) | (0.047) | (0.000) |
| *Stockd* | −0.000 017 3*** | 0.000 007 32 | −0.000 000 984 |
| | (0.001) | (0.711) | (0.902) |
| *Asset* | 0.078 6*** | 0.083 5** | 0.066 3** |
| | (0.003) | (0.015) | (0.026) |
| 时间虚拟变量 | | | |
| *tq* | −0.105*** | −0.281*** | −0.112*** |
| | (0.000) | (0.000) | (0.000) |

(2)相对宽松和相对紧缩时期货币政策产业效应实证分析

如前文所述,现有文献主要是就货币政策方向对整体产出的非对称进行研究。然而各个行业在需求弹性、要素密集程度、市场竞争情况等诸多方面存在着差异,我们可以预期不同的行业对扩张和收缩的货币政策的反应程度也是不一样的。仍然沿用公式3—1,我们区分货币政策相对宽松与相对紧缩时期,来检验货币政策对产业的结构性影响。

通过阅读中国人民银行每季度公布的《中国货币政策执行报告》,并且结合我国货币政策工具的运用情况,本书将2003年以来的货币政策划分成相对宽松时期和相对紧缩时期。基于我国货币政策的现实情况,当存款准备金率的调整方向和基准利率发生变化时,意味着货币政策方向发生较明显的变化,因此我们基于《中国货币政策执行报告》综合考虑央行存款准备金率变动、基准利率变动来划分相对宽松和相对紧缩区间。在 2005—2006 年央行虽然长期保持货币政策工具不变,但资金流入中国却非常旺盛,我们认为这是央行执行了宽松的货币政策。因此,本书的货币政策相对宽松时期包括 2005 年一季度至 2006 年二季度、2008 年四季度至 2009 年四季度、2012 年一季度至 2013 年二季度;货币政策相对紧缩时期包括 2003 年一季度至 2004 年四季度、2006 年三季度至 2008 年三季度、2010 年一季度至 2011 年四季度。

由于我国目前仍然是以数量型货币政策工具为主,因而我们选取货币供应量来考察相对宽松和相对紧缩时期货币政策的产业效应。需要说明的是,无论是在宽松时期还是在紧缩时期,货币供应量同比都是增加的,只是增加的幅度不同。

表 3—6 和表 3—7 分别是相对紧缩和相对宽松时期货币供应量对第二产业内不同行业的影响。我们发现相对宽松和相对紧缩时期的货币供应量对各行业不仅存在影响大小上的非对称,而且存在结构上的非对称。

**表 3—6　　相对紧缩时期货币供应量对制造业内部行业的结构性影响**

| | 劳动密集型行业 | 资本密集型行业 | 技术密集型行业 |
|---|---|---|---|
| 常数项 | −0.351 | −3.123 | −6.389*** |
| | (0.899) | (0.170) | (0.004) |
| 货币政策变量 | | | |
| *M2* | 0.557 | 1.253*** | 1.700*** |
| | (0.280) | (0.004) | (0.000) |
| 宏观控制变量 | | | |
| *Fiscal* | −0.097 7*** | −0.255*** | −0.170*** |
| | (0.008) | (0.000) | (0.000) |
| *Invest* | −0.099 3 | −0.189 | 0.182 |
| | (0.802) | (0.556) | (0.571) |
| 微观控制变量 | | | |
| *Debtra* | 0.061 4 | 0.305*** | 0.080 6* |
| | (0.260) | (0.000) | (0.079) |

续表

| | 劳动密集型行业 | 资本密集型行业 | 技术密集型行业 |
|---|---|---|---|
| *Cashra* | −0.010 6 | −0.003 18 | −0.011 9 |
| | (0.604) | (0.857) | (0.507) |
| *Finara* | −0.113*** | −0.091 1*** | −0.060 8*** |
| | (0.000) | (0.000) | (0.000) |
| *Stockd* | −0.142*** | −0.164*** | −0.262*** |
| | (0.000) | (0.000) | (0.000) |
| *Asset* | 0.118*** | 0.211*** | 0.164*** |
| | (0.000) | (0.000) | (0.000) |
| 时间虚拟变量 | | | |
| *tq* | 0.064 3 | −0.012 0 | 0.022 4 |
| | (0.304) | (0.822) | (0.658) |

表 3—6 显示，在货币政策相对紧缩时期，受货币供应量影响程度最大的是技术密集型行业，其次是资本密集型行业，而此时货币供应量对劳动密集型行业影响不显著。也就是说，在相对紧缩时期，货币供应量促进了技术密集型和资本密集型行业的发展，并且对技术密集型行业的促进作用更大。

**表 3—7　　相对宽松时期货币供应量对制造业内部行业的结构性影响**

| | 劳动密集型行业 | 资本密集型行业 | 技术密集型行业 |
|---|---|---|---|
| 常数项 | −8.180* | −7.868*** | −7.005** |
| | (0.053) | (0.010) | (0.044) |
| 货币政策变量 | | | |
| *M2* | 2.713*** | 4.333*** | 3.077*** |
| | (0.000) | (0.000) | (0.000) |
| 宏观控制变量 | | | |
| *Fiscal* | −0.072 8 | −0.198*** | −0.127*** |
| | (0.153) | (0.000) | (0.002) |
| *Invest* | −0.795 | −2.163*** | −1.301 |
| | (0.480) | (0.008) | (0.159) |

续表

| | 劳动密集型行业 | 资本密集型行业 | 技术密集型行业 |
|---|---|---|---|
| 微观控制变量 | | | |
| *Debtra* | 0.213*** | 0.263*** | 0.219*** |
| | (0.001) | (0.000) | (0.000) |
| Cashra | 0.044 7** | −0.008 09 | 0.042 0* |
| | (0.045) | (0.644) | (0.061) |
| *Finara* | −0.080 8*** | −0.089 9*** | −0.076 3*** |
| | (0.000) | (0.000) | (0.000) |
| *Stockd* | −0.180*** | −0.270*** | −0.182*** |
| | (0.000) | (0.000) | (0.000) |
| *Asset* | 0.064 8* | 0.106*** | 0.090 9*** |
| | (0.054) | (0.000) | (0.001) |
| 时间虚拟变量 | | | |
| *tq* | −0.103** | −0.246*** | −0.136*** |
| | (0.039) | (0.000) | (0.001) |

从表3—7中可以看到,在货币政策相对宽松时期,货币供应量的增加对资本密集型行业影响最大,其次是技术密集型行业,最后是劳动密集型行业。因此,这个时期的货币政策首先是促进了资本密集型行业的发展,其次是技术密集型行业,最后是劳动密集型行业。

(3)实证结果阐释

实证结果表明,货币政策对第二产业内部不同要素密集程度行业的影响存在着差异,即存在着结构性影响。货币供应量的增加对三类行业的产出均有促进作用,其中对资本密集型行业的促进作用最大,其次是技术密集型行业,最后是劳动密集型行业。因此,货币供应量的增加更有利于资本密集型和技术密集型行业的发展,从而有利于劳动密集型行业向资本密集型和技术密集型行业转化。

利率对第二产业内不同要素密集程度的行业均具有显著的负向作用,对资本密集型行业影响最大,对劳动密集型行业影响最小。当提高利率时,对资本密集型行业的抑制最大,有利于资本密集型行业向技术密集型行业转化;当降低利率时,资本密集型行业受到的促进作用最大,因而有利于劳动密集型行业向技术密集型行业发展。

从实证结果可以看到,资本密集度是影响货币政策对各产业影响差异的重要因素。资本密集型行业对资金比较敏感,产业的资本弹性比较大,当货币供应量增加时,资本密集型行业资金可得性增加,因而会增加投资从而促进产出的增加。而技术密集型行业由于需要比较大的固定资产投资和人力资本投资,因而对货币政策也比较敏感,货币供应量的增加也会促使技术密集型行业加大固定资产和人力资本投资,从而促进技术密集型行业的发展。

此外,资本密集型行业由于使用资本较多,当利率变化时对企业的财务费用影响较大,因而会影响到企业的投资,并最终影响到行业的产出。劳动密集型行业由于使用资本较少,因而企业的财务成本变化相对较小,而技术密集型行业则处于资本密集型和劳动密集型行业之间。

我们可以看到,从整体上来看,货币政策对资本密集型行业影响最大,其次是技术密集型行业,最后是劳动密集型行业。从货币政策对第二产业的结构性影响来看,技术密集型行业处于相对比较有利的中间地位,无论是货币供应量还是利率的调整,对技术密集型行业的影响都处于中间程度,货币政策对技术密集型行业始终有所促进。

此外,实证结果表明,在相对紧缩时期,货币政策更有利于技术密集型和资本密集型行业的发展,尤其是技术密集型行业,而对劳动密集型行业作用则不显著,因而相对紧缩时期的货币政策有利于第二产业结构向技术密集型和劳动密集型行业转化,尤其是向技术密集型行业转化;在相对宽松时期,货币供应量对资本密集型行业的产出增长促进最大,其次是技术密集型行业,而对劳动密集型行业促进作用最小。通过对比相对宽松和相对紧缩时期的货币政策对第二产业各行业的影响,我们可以发现,相对紧缩时期的货币政策更有利于第二产业内部的结构调整。

## 3.3　货币政策对服务业内部的产业效应实证分析

除了需要从规模上扩大服务业以外，还需要优化服务业的内部结构，20 世纪 80 年代以来，西方发达国家经济发展的显著特点之一，就是生产性服务业逐步取代制造业成为经济增长的主要动力和创新源泉（任旺兵，2008）。我国要转变经济发展模式、实现新型工业化，离不开生产性服务业的发展。因此，除了要关注服务业相对于第一、第二产业的比重问题，我们更加需要关注的是服务业内部的结构调整和升级。[①]

### 3.3.1　服务业相关理论

根据服务对象的不同，可以将服务业分成生产性服务业和消费性服务业。目前对于生产性服务业仍然没有明确的定义和划分标准。Greenfiled（1966）最先对生产性服务业进行了定义，认为生产性服务业是企业、政府和非营利性组织面向生产者而非最终消费者提供的服务产品和劳动。[②] Momigliano 等（1982）将服务业中用于中间需求的部分界定为生产性服务业。而 Goodman（2002）则将服务业中间需求率中高于 60%的部门界定为生产性服务业，处于 40%～60%的部门定义为混合服务业，低于 40%的部门界定为消费性服务业。程大中（2008）认为，那些为生产者提供作为中间投入的服务的部门与行业统称为生产性服务业。尚于力等（2008）采用投入产出法，将中间需求率大于 50%的行业界定为生产性服务业，根据其对 1997 年和 2002 年中国投入产出表的数据计算，我国生产性服务业分为交通运输及邮政通信服务、批发零售服务、金融保险服务、计算机服务、租赁和劳务服务、地质勘察和水利管理服务六大类。

学者们认为生产性服务业在经济发展以及产业结构调整中发挥着重要作用。彼得·德鲁克（1985）认为，具有快速发展潜力的产业将引致产

① 国家统计局 2013 年发布的《三次产业划分规定》中明确第三产业即为服务业。

② 项俊波．结构经济学[M]．北京：中国人民大学出版社，2009.

业结构的发展，并指出生产性服务业是服务业增长最快的组成部分，能够把日益专业化的人力资本和知识资本引进商品部门，能为劳动与资本带来更高的生产率，并改进商品与其他服务的质量。20 世纪 50 年代后，美国的经济发展方式发生了转变，服务业的快速增长成为带动其经济增长的主要动力。尤其是生产性服务业的发展更是带动美国经济迅速发展，并在 20 世纪 60 年代率先进入以服务经济为特征的后工业化时代，服务业占美国经济总量的比重过半，生产性服务业占服务业经济总量的比重过半，生产性服务业成为美国经济增长速度最快、吸纳劳动力就业最多的产业（沈家文，2012）。

西方主要发达国家的经济结构调整，带动了世界经济结构向以服务业为主转变，全球的服务型经济的格局已经形成并将持续深入发展。近年来，服务业全球化进程加快，世界经济的重心正从制造业向服务业转移。全球服务型跨国公司的实力不断增强，服务市场快速增长，以服务外包和高科技产业转移为主流的全球产业结构调整逐渐兴起，通过产业技术的更新换代和不断改造来提高经济增长质量，实现经济的可持续增长。生产性服务业在产业结构优化升级中所起的作用日趋重要，服务经济将成为未来中国经济发展的新增长极。

从发达国家经济发展的成功经验来看，高度发达的生产性服务业已经成为发达国家产业结构的首要特征。生产性服务作为一种“市场化的非最终消费”，越来越多地进入工业产品生产领域并贯穿于产业链的各个环节，以专业化的人力资本和知识资本作为主要投入，使生产过程逐渐高度化、协调化，使经济发展对资源与环境消耗的依赖逐渐降低，提高了经济运行效率。

### 3.3.2 生产性与消费性服务业划分方法及实证模型

生产性服务业对于制造业的技术水平提高以及产品创新能力的培养有着至关重要的作用。我国要实现产业结构升级和经济转型，必须提升制造业在全球价值链分工中的地位，而这离不开生产性服务业的发展。货币政策如果对服务业内部不同行业的影响程度具有结构性,那么货币政策便会对服务业内部的结构调整造成影响。下文中,我们将分别检验货币政策对生产性和消费性服务业的影响,以此来考察货币政策对服务业内部的结构性影响。我们对生产性和消费性服务业分别建立一个面板数据模型,利用该行业内上市公司企业层面的数据估计模型。

近几十年来,国内外学者从不同研究视角对生产性服务业提出了不同的定义,各个国家和政府部门对生产性服务业也有不同的定义和分类,但是迄今为止,还没有被普遍接受的定义。对于生产性服务业的划分,国内主要有两种代表性的分类方法,即国家统计局 2003 年公布的《三次产业划分规定》[①]和我国政府在 2006 年发布的《中华人民共和国国民经济和社会发展第十一个五年规划纲要》[②]。这两种代表性的分类方法对于生产性服务业是否应当包括房地产业给出了不同的结论,而目前的文献也很少有这方面的专门论述。沈家文(2012)根据我国房地产业的投资结构、消费结构及中间需求率多种视角判断,认为现阶段我国房地产业的生产性服务特征还不明显,因而目前不适合归类于生产性服务业。无论是我国政府部门还是学界对于房地产在服务业中的分类,都没有统一的划分,再加上房地产业的特殊性,对货币政策比较敏感,为了真实体现房地产业以外的服务业对货币政策的敏感程度,我们在实证中并未将房地产业包括在内。此外,由于金融行业的特殊性,其对货币政策的反应与其他行业有较大区别,因此我们也未将金融行业包括在内。基于国内外的相关文献以及我国的现实状况,本书的生产性和消费性服务业分类方法如表 3—8 所示。

---

① 国家统计局《三次产业划分规定》(国统字〔2003〕14 号,2003 年版),将生产性服务业分为交通运输业,仓储和邮政服务业,房地产业,租赁和商务服务业,金融服务业,信息传输、计算机服务和软件业,科学研究和技术服务业。

② 全国人民代表大会《中华人民共和国国民经济和社会发展第十一个五年规划纲要》(《人民日报》,2006 年 3 月 17 日),将生产性服务业分为交通运输业、现代物流业、金融服务业、信息服务业和商务服务业。

**表 3—8　　生产性和消费性服务业分类方法**

| 生产性服务业 | 消费性服务业 |
| --- | --- |
| 交通运输业 | 批发和零售业 |
| 仓储和邮政服务业 | 住宿和餐饮业 |
| 租赁和商务服务业 | 水利、环境和公共设施管理业 |
| 信息传输、计算机服务和软件业 | 教育、卫生和社会工作 |
| 科学研究和技术服务业 | 文化、体育和娱乐业 |

我们依然选取上市公司的服务业企业数据作为代表，首先根据证监会 2012 年修订的《上市公司行业分类指引》确定上市公司所属的服务业行业[1]，然后按照上文确定的分类方法，将服务业的上市公司分别归入生产性和消费性服务业中。时间区间为 2003 年第一季度至 2013 年第二季度，并且剔除了 ST 类上市公司和明显偏离行业内部平均值的异常公司的数据，进而使用非平衡面板数据模型来进行分析，原始数据均来自万德。

### 3.3.3　实证分析

(1)货币政策对服务业内部的产业效应实证分析

根据实证模型 3—1，我们使用面板数据分别对货币供应量和利率方程进行回归。我们分别对生产性和消费性服务业建立固定效应面板模型进行估计，回归的结果如表 3—9 所示。

**表 3—9　　货币政策对服务业内部的结构性影响**

| | 货币供应量 | | 利率 | |
| --- | --- | --- | --- | --- |
| | 生产性服务业 | 消费性服务业 | 生产性服务业 | 消费性服务业 |
| 常数项 | −13.07***<br>(0.000) | −9.893***<br>(0.000) | −7.877***<br>(0.000) | −4.549**<br>(0.018) |

[1] 证监会 2012 年修订的《上市公司行业分类指引》将服务业分为批发和零售业，交通运输仓储和邮政业，住宿和餐饮业，信息传输、软件和信息技术服务业，金融业，房地产业，租赁和商务服务业，科学研究和技术服务业，水利、环境和公共设施管理业，居民服务、修理和其他服务业，教育、卫生和社会工作，文化、体育和娱乐业共 12 个门类。

续表

| | 货币供应量 | | 利率 | |
|---|---|---|---|---|
| | 生产性服务业 | 消费性服务业 | 生产性服务业 | 消费性服务业 |
| 货币政策变量 | | | | |
| *M2* | 1.882*** | 1.758*** | | |
| | (0.000) | (0.000) | | |
| *Rate* | | | −0.062 8*** | −0.030 6 |
| | (0.165) | | | (0.005) |
| 宏观控制变量 | | | | |
| *Fiscal* | 0.066 0 | −0.057 6 | 0.215 | 0.027 0 |
| | (0.723) | (0.757) | (0.269) | (0.889) |
| *Invest* | 0.752* | 0.374 | 1.374*** | 0.908*** |
| | (0.052) | (0.258) | (0.000) | (0.004) |
| 微观控制变量 | | | | |
| *Debtra* | 0.003 70*** | 0.001 65** | 0.003 70*** | 0.001 86*** |
| | (0.001) | (0.012) | (0.001) | (0.005) |
| *Cashra* | −0.009 21*** | −0.051 7*** | −0.008 03** | −0.046 4*** |
| | (0.006) | (0.000) | (0.017) | (0.001) |
| *Stockd* | −0.000 085 1* | −0.000 085 0*** | −0.000 081 2* | −0.000 085 1*** |
| | (0.053) | (0.000) | (0.065) | (0.000) |
| *Finara* | −0.011 0*** | −0.022 8*** | −0.011 2*** | −0.023 2*** |
| | (0.002) | (0.000) | (0.001) | (0.000) |
| *Asset* | 0.070 0** | 0.047 5** | 0.087 9*** | 0.058 4*** |
| | (0.012) | (0.033) | (0.002) | (0.009) |
| 时间虚拟变量 | | | | |
| *tq* | −0.267*** | −0.116*** | −0.220*** | −0.063 9** |
| | (0.000) | (0.001) | (0.000) | (0.044) |

从表 3—9 中可以看到，货币供应量对生产性和消费性服务业的产出都存在着显著的正向影响，即货币供应量的增加会使得生产性和消费性服务业的产出增长都提高，但是两者提高程度是不同的，生产性服务业产出增长提高幅度更大。因此，货币供应量的增加对生产性服务业产出的促进作用大于消费性服务业。

从表 3—9 中还可以看到，利率对消费性服务业产出的影响不显著，而对生产性服务业的影响显著。因此,提高利率会使生产性服务业的产出下降,使其在服务业中产出占比下降,降低利率会使得生产性服务业的产出增长从而在服务业中产出占比增加。

实证结果表明,货币政策整体上对生产性和消费性服务业的产出影响存在着差异,无论是货币供应量还是利率对生产性服务业产出的作用幅度都大于对消费性服务业的作用幅度,因而货币政策对服务业内部具有结构性影响。

(2)相对宽松和相对紧缩时期货币政策对服务业内部的影响

与上文考察相对宽松与相对紧缩货币政策对第二产业内部不同行业的影响一样,我们区分货币政策相对宽松与相对紧缩时期,来检验货币政策对服务业结构调整的影响。表 3—10 是相对宽松和相对紧缩时期货币供应量对生产性和消费性服务业的影响,我们发现这两个时期货币供应量对服务业不仅存在影响大小上的非对称,而且存在结构上的非对称。如前文所述,无论是在相对宽松时期还是在相对紧缩时期,M2 同比都是增长的,也就是说,这两个时期 M2 增长都带来了生产性和消费性服务业产出的增长。

从表 3—10 中可以看到,相对宽松时期货币供应量对生产性和消费性服务业的产出的作用都是显著的,货币供应量同比增加使得生产性和消费性服务业的产出同比都增加了,货币供应量对生产性服务业的作用小于对消费性服务业的作用,即货币供应量的较快增加对提高生产性服务业产出的作用小于消费性服务业。

从表 3—10 中还可以看到,相对紧缩时期货币供应量对生产性服务业的作用是显著的,但是对消费性服务业的作用不再显著。因而在相对紧缩时期,货币供应量的增加使得生产性服务业在整个服务业中产出所占比重上升了。

因此,相对宽松时期货币供应量的较快增长不利于服务业内部的结构调整,而相对紧缩时期货币供应量相对缓慢的增加,有利于生产性服务业在整个服务业中的发展,从而有利于服务业内部的结构调整。

表3—10 相对宽松和相对紧缩时期货币政策对服务业内部的影响

| | 相对宽松时期 | | 相对紧缩时期 | |
|---|---|---|---|---|
| | 生产性服务业 | 消费性服务业 | 生产性服务业 | 消费性服务业 |
| 常数项 | −0.389 | −4.326 | −13.55*** | −9.986*** |
| | (0.389) | (0.260) | (0.000) | (0.007) |
| 货币政策变量 | | | | |
| *M2* | 1.623*** | 1.786*** | 1.362* | 1.039 |
| | (0.002) | (0.000) | (0.065) | (0.176) |
| 宏观控制变量 | | | | |
| *Fiscal* | 0.008 31 | −0.354 | 0.012 5 | 0.217 |
| | (0.976) | (0.209) | (0.961) | (0.399) |
| *Invest* | −1.444* | −0.490 | 1.352*** | 0.830** |
| | (0.077) | (0.461) | (0.003) | (0.047) |
| 微观控制变量 | | | | |
| *Debtra* | −0.000 313 | 0.000 682 | 0.006 87*** | 0.001 74* |
| | (0.855) | (0.469) | (0.000) | (0.066) |
| *Cashra* | −0.010 7** | −0.072 9** | −0.006 27 | −0.021 0 |
| | (0.031) | (0.011) | (0.213) | (0.258) |
| *Stockd* | −0.000 065 8 | −0.000 238*** | −0.000 156** | −0.000 058 2*** |
| | (0.262) | (0.000) | (0.041) | (0.000) |
| *Finara* | −0.002 73 | −0.008 12** | −0.015 3*** | −0.040 3*** |
| | (0.629) | (0.023) | (0.001) | (0.000) |
| *Asset* | −0.063 9 | 0.019 7 | 0.137*** | 0.056 1* |
| | (0.177) | (0.581) | (0.000) | (0.073) |
| 时间虚拟变量 | | | | |
| *tq* | −0.096 7 | −0.028 3 | −0.333*** | −0.161*** |
| | (0.115) | (0.607) | (0.000) | (0.001) |

(3)实证结果阐释

从上文的实证结果可以看到,货币政策整体上对生产性服务业产出的影响大于对消费性服务业产出的影响。我们认为,资本密集度是影响货币政策对服务业内部行业影响差异的重要因素。生产性服务业例如交通运输业、仓储和邮政服务业、租赁业、信息传输业等行业的资本密集度大于消费性服务业,因而生产性服务业对资金的敏感程度大于消费性服务业。当货币供应量增加时，生产性服务业资金可得性增加，因而会增加投资从而促进产出的增加。此外，生产性服务业的技术含量也比较高，往往需要比较大的人力资本投资，这也造成了生产性服务业对货币政策比较敏感。货币供应量的增加会使得生产性服务业加大人力资本的投资，从而可以促进生产性服务业的发展。

生产性服务业由于使用资本较多，当利率变化时对企业的财务费用的影响较大，因而会影响到企业的投资，并最终影响到行业的产出，因此生产性服务业对利率的变化比较敏感。而消费性服务业由于使用资本较少，利率的变化对企业的财务费用影响较小，因此消费性服务业对利率的变化不如生产性服务业敏感。

此外，对生产性和消费性服务业的需求弹性的不同也是两者对货币政策反应不同的原因。生产性服务业的服务对象主要是制造业企业，而制造业企业对货币政策比较敏感，当货币政策变化时会影响到制造业企业的投资，其对生产性服务的需求也相应会发生变化。而消费性服务业的服务对象主要是居民，居民对于消费性服务的需求具有一定刚性，受货币政策变化的影响相对较小。因此，需求弹性的不同是生产性和消费性服务业对货币政策的反应不同的原因之一。

基于以上原因，从整体上来看货币政策对生产性服务业产出的影响大于消费性服务业，这会造成生产性和消费性服务业占整个服务业产出比重的变化。

由于生产性服务业的资本密集度比消费性服务业要高，因而提高利率会使得生产性服务的产出占比下降相对较多，不利于服务业内部向生产性服务的结构调整，而降低利率使得生产性服务业的产出占比上升较多，从而有利于服务业内部的结构调整。

此外，本节的实证研究还表明，相对紧缩时期的货币供应量增长相对于较宽松时期的货币供应量增长更加有利于提高生产性服务业在服务业中所占比重，从而有利于服务业内部的结构调整。

本章基于上市公司企业层面的微观数据，建立实证模型进行分析，实证结果表明,货币政策不仅对三次产业存在着结构性影响,而且对产业内不同行业也存在着结构性影响。制造业内部资本密集型行业受货币政策影响程度最大,技术密集型行业次之,最后是劳动密集型行业。从整体上来看,技术密集型行业受货币政策影响处于相对有利的中间地位。第三产业内,货币政策对生产性服务业的作用大于消费性服务业。货币供应量增加对生产性服务业的促进作用大于消费性服务业,从而有利于服务业内部的结构调整;利率可以显著影响到生产性服务业的产出,却对消费性服务业没有显著影响。为了更深入地理解货币政策对产业的结构性影响,本章将货币政策划分成相对宽松和相对紧缩时期,通过对比这两个时期货币政策对产业的影响,我们发现相对紧缩时期的货币供应量增长更加有利于技术密集型行业和生产性服务业发展。

关于货币政策对具体细分行业的影响,可以参见附表3a和附表3b。

**附表3a　　货币供应量对细分行业的影响**

| | 行业 | 货币供应量对产出影响系数 | 行业 | 货币供应量对产出影响系数 |
|---|---|---|---|---|
| 第二产业 | 采矿业 | 2.128* | 化学原料和化学制品制造业 | 2.756*** |
| | 纺织服装、服饰业 | 1.638*** | 电力、热力、燃气及水生产和供应业 | 0.717 |
| | 纺织业 | 2.853*** | 化学纤维制造业 | 4.334*** |
| | 非金属矿物制品业 | 2.536*** | 石油加工、炼焦和核燃料加工业 | 4.791*** |
| | 家具制造业 | 1.283 | 有色金属冶炼和压延加工业 | 6.741*** |
| | 建筑业 | 1.379** | 造纸和纸制品业 | 2.795*** |
| | 金属制品业 | 3.000*** | 综合 | 1.133 |
| | 酒、饮料和精制茶制造业 | 1.100 | 电气机械和器材制造业 | 2.486*** |
| | 木材加工和木、竹、藤、棕、草制品业 | 1.818 | 计算机、通信和其他电子设备制造业 | 3.380*** |
| | 农副食品加工业 | 4.037** | 汽车制造业 | 5.071*** |

续表

| | 行业 | 货币供应量对产出影响系数 | 行业 | 货币供应量对产出影响系数 |
|---|---|---|---|---|
| 第二产业 | 皮革、毛皮、羽毛及其制品和制鞋业 | —1.234 | 铁路、船舶、航空航天和其他运输设备制造业 | 0.902 |
| | 其他制造业 | 2.938*** | 通用设备制造业 | 2.318*** |
| | 文化、体育和娱乐业 | 1.487 | 医药制造业 | 0.585** |
| | 文教、工美、体育和娱乐用品制造业 | 0.846 | 仪器仪表制造业 | 2.307* |
| | 橡胶和塑料制品业 | 3.781** | 印刷和记录媒介复制业 | —1.172 |
| | 黑色金属冶炼和压延加工业 | 4.454*** | 专用设备制造业 | 2.001*** |
| 第三产业 | 交通运输、仓储和邮政业 | 2.983*** | 批发和零售业 | 1.503*** |
| | 信息传输、软件和信息技术服务业 | 1.466*** | 水利、环境和公共设施管理业 | 3.248** |
| | 科学研究和技术服务业 | —0.654 | 租赁和商务服务业 | —1.251 |
| | 住宿和餐饮业 | 2.099** | 房地产业 | 4.120*** |
| | 金融业 | 2.057 | 教育 | 3.123 |

**附表 3b　　利率对细分行业的影响**

| | 行业 | 利率对产出影响系数 | 行业 | 利率对产出影响系数 |
|---|---|---|---|---|
| 第二产业 | 采矿业 | 0.016 0 | 化学原料和化学制品制造业 | —0.073 4*** |
| | 纺织服装、服饰业 | —0.066 6** | 电力、热力、燃气及水生产和供应业 | —0.090 1** |
| | 纺织业 | —0.119*** | 化学纤维制造业 | —0.209*** |
| | 非金属矿物制品业 | —0.122*** | 石油加工、炼焦和核燃料加工业 | —0.213** |
| | 家具制造业 | —0.040 0 | 有色金属冶炼和压延加工业 | —0.211*** |

续表

| | 行业 | 利率对产出影响系数 | 行业 | 利率对产出影响系数 |
|---|---|---|---|---|
| 第二产业 | 建筑业 | 0.010 8 | 造纸和纸制品业 | −0.102*** |
| | 金属制品业 | −0.110*** | 综合 | −0.259** |
| | 酒、饮料和精制茶制造业 | −0.040 2 | 电气机械和器材制造业 | −0.133*** |
| | 木材加工和木、竹、藤、棕、草制品业 | −0.132** | 计算机、通信和其他电子设备制造业 | −0.202*** |
| | 农副食品加工业 | −0.093 7 | 汽车制造业 | −0.153*** |
| | 皮革、毛皮、羽毛及其制品和制鞋业 | 0.187 | 铁路、船舶、航空航天和其他运输设备制造业 | −0.044 1 |
| | 其他制造业 | −0.129*** | 通用设备制造业 | −0.070 7*** |
| | 文化、体育和娱乐业 | −0.156** | 医药制造业 | 0.025 4 |
| | 文教、工美、体育和娱乐用品制造业 | −0.052 4 | 仪器仪表制造业 | −0.078 2 |
| | 橡胶和塑料制品业 | −0.132** | 印刷和记录媒介复制业 | 0.069 6 |
| | 黑色金属冶炼和压延加工业 | −0.125 | 专用设备制造业 | −0.082 0*** |
| 第三产业 | 交通运输、仓储和邮政业 | −0.091 4** | 批发和零售业 | −0.003 64 |
| | 信息传输、软件和信息技术服务业 | −0.040 1* | 水利、环境和公共设施管理业 | −0.057 8 |
| | 科学研究和技术服务业 | 0.090 0* | 租赁和商务服务业 | −0.007 72 |
| | 废弃资源综合利用业 | 0.136* | 房地产业 | −0.122** |
| | 金融业 | −0.418** | 教育 | −0.048 7 |

# 第4章　货币政策产业效应的传导机制：股权融资视角

随着我国股票市场的发展，股市融资能力以及资源配置能力已经得到了很大提高，股权融资已经成为一些新兴产业和高新技术产业外部融资的重要来源，而新兴产业和高新技术产业往往代表着一国经济发展和产业结构调整的演进方向。股市作为资源配置的高效机制与渠道，能够引导资金流向代表产业未来发展方向的新兴产业和部门，从而能够促进经济发展和产业结构调整。

本书中的股权融资规模是指产业通过首次公开上市发行股票融资以及后续的股权再融资或者是通过私募发售等方式所获得的股权融资数量。鉴于股权融资对这些产业的重要性，本章将考察货币政策是否通过股权融资渠道对产业形成了结构性影响。本章的理论与实证分析基于以下两个方面来研究：第一，货币政策是否能够影响产业的股权融资规模及其在产业间的差异；第二，股权融资是否促进了产业发展以及产业结构优化。

## 4.1　理论分析与模型

### 4.1.1　股票市场优化资本配置：基于传统与新兴产业的理论模型

股票市场可以有效降低资本要素的流动成本，为资本要素配置提供有效的渠道和机制，引导资本更多地流向具有发展潜力和成长空间的新兴产业，从而提高资本要素的配置效率。

本书利用一个简单模型来反映股票市场促进资本产业间流动的作用，以揭示股票市场促进产业结构调整的内在机制。为简化分析，我们假设在一国实体经济中仅存在两大产业部门——传统产业部门 T 和新兴产业部门 N，N 部门代表着产业发展和结构调整的方向。我们通过分析股票市场在 T 部门与 N 部门间资本配置的作用，来分析股权融资是否能够优化资金在产业间的配置。

根据 Patrick(1966)提出的“需求追随型金融”和“供给领先型金融”假说，实体经济的发展和结构优化必然伴随着金融结构的转变，而金融市场的发展也必然会对实体经济起到引导作用。因此，股票市场与实体经济之间存在着相互促进的关系。

我们假设仅有股票市场为 T 部门和 N 部门提供融资服务。随着实体经济的发展，社会对 N 部门的需求增加，N 部门对资本投资的需求增加，因而 N 部门要求股票市场为其提供更多的资本，股票市场必然根据实体经济的发展调整自身结构和规模。因此，我们假设股票市场会为决定产业结构优化升级的 N 部门提供更大规模的资本。

设实体经济中传统产业 T 部门和新兴产业 N 部门的资本存量分别为 $k'_t$ 和 $k'_n$，而两个部门从股票市场的融资额则分别为 $k_t$ 和 $k_n$，当经济处于均衡状态时，假设 T 部门和 N 部门的股权融资和资本存量比例达到均衡比例且保持不变，设 T 部门和 N 部门的均衡比例为 $k_t^*$ 和 $k_n^*$，则：

$$k_t^* = k_t / k'_t \qquad k_n^* = k_n / k'_n \tag{4—1}$$

假设 N 部门的均衡比例 $k_n^*$ 大于 T 部门的均衡比例 $k_t^*$，即：

$$k_n^* > k_t^* \tag{4—2}$$

设初始均衡状态时，整个经济系统中资本市场资本存量与实体经济总量的比率为 $k^*$，则：

$$k^* = \frac{k_t + k_n}{k'_t + k'_n} \tag{4—3}$$

随着经济的发展，社会需求发生变化会带动产业结构的调整和优化，新兴产业部门 N 的发展加快、规模变大，N 部门的资本存量也增加，股票市场对 N 部门的融资也增加，因此，模型中的 $k'_n$ 也增加，由于 $k_n^*$ 保持不变，因而 $k_n$ 也随之增加。与此相对应，传统产业部门 T 的发展相对变慢。假设社会资本总量不变，投资于 T 部门的资本必然随着 T 部门发展的减缓而变少，即 $k_t$ 变少，由于 $k_t^*$ 保持不变，因而 $k'_t$ 也相应减少。

由于社会资本存量是不变的，资本要素从传统产业部门 T 流向新兴产业部门 N。设 $\Delta k'_t$ 为实体经济从 T 部门流出的资本量，$\Delta k_t$ 为在股票市场从 T 部门流出的资本量，相应地，$\Delta k'_n$ 为实体经济中流入 N 部门的资本量，$\Delta k_n$ 为股票市场上流入 N 部门的资本量，则：

$$\Delta k'_t + \Delta k_t = \Delta k'_n + \Delta k_n \tag{4—4}$$

由于各部门的均衡资本比例不变，因而

$$k_t^* = \frac{k_t - \Delta k_t}{k'_t - \Delta k'_t} \quad k_n^* = \frac{k_n + \Delta k_n}{k'_n + \Delta k'_n} \tag{4—5}$$

推导可得：

$$\frac{\Delta k_t}{\Delta k_n} = \frac{1 + k_t^*}{1 + k_n^*} \tag{4—6}$$

由于 $k_n^* > k_t^*$，因此可得：

$$\frac{1 + k_t^*}{1 + k_n^*} < 1$$

因此，$\Delta k_t < \Delta k_n$。

根据(4—5)式可得：

$$\Delta k_n - \Delta k_t = \Delta k'_n - \Delta k'_t \tag{4—7}$$

因此有：

$$\Delta k'_t > \Delta k'_n \tag{4—8}$$

也就是说，股票市场上从传统产业 T 部门流出的资本小于流入新兴产业 N 部门的资本；实体经济中从 T 部门流出的资本大于流入 N 部门的资本。因此，随着股票市场的发展和实体经济的产业结构优化，资本从传统部门 T 流向新兴部门 N，并且实体经济中部分资本从 T 部门流出，进入股票市场并流入 N 部门。

因此，股票市场起到了优化资本资源配置的作用，促使资本从 T 部门流入 N 部门。此时，整个经济系统中股票市场与实体经济资本总量的新比率变为：

$$k^{**}=\frac{k_t+k_n+\Delta k_n-\Delta k_t}{k'_t+k'_n+\Delta k'_n+\Delta k'_t}>\frac{k_t+k_n}{k'_t+k'_n} \tag{4-9}$$

因此，$k^{**}>k^{*}$。

通过以上分析可以看到，股票市场具有较好的资本配置作用，能够促进资本流向代表产业发展方向的新兴产业，因而股票融资规模的扩大能够推动产业结构调整和优化。由此，股票市场在促进产业成长、转移结构调整方面具有重要作用。

### 4.1.2　货币政策与股权融资理论分析

Baker 和 Wurgler（2002）提出的市场择机假说认为，经理人在进行股权融资时具有“机会主义”行为，即在股市表现好股价大幅上行时选择 IPO 或者增发新股，在股市低迷时则选择回购股票或进行债权融资。国内外的经验研究也表明，企业倾向于在股票价格较高时择机性地发行股票融资，在股票价格较低时回购股票。而与此同时，国内外的理论和实证研究均表明货币政策变化会引致股票价格的系统性变化。因此，从理论上来看，货币政策变化会引起股票价格的变动，进而引起企业择机性的股权融资，由此货币政策与企业的股权融资具有密切的关系。

（1）货币政策对股票价格的影响机理

货币政策对资本市场的影响及其反馈机制是当前货币理论中最前沿的问题之一。货币政策与股票市场间存在着复杂的关系，理论与实证文献均证实了货币政策对股票价格具有重要影响。

其中具有代表性的是约翰·威廉姆斯（John B. Williams，1938）提出的投资价值理论（股利贴现模型），他定义股票的内在价值等于股票持有者未来年份得到的分红和利息的现值。而企业未来的分红和利息是与企业盈利密切相关的，并且现值的计算依赖于利率。在投资价值分析理论中,货币政策通过两种渠道影响股票价格:一是通过宏观经济运行影响企业盈利进而影响股票股利或现金流水平并最终影响股票内在价值;二是通过利率影响贴现率。

Rozeff(1974)提出了货币资产组合模型(Monetary Portfolios Model),把货币看作资产组合中的一项资产。当货币供应量发生变化时,货币冲击会使投资者持有的资产组合中各种资产的相对比例发生变化,这种效应即货币资产组合效应。货币资产组合效应通过投资者行为变化和企业生产经营行为变化两个方面来改变股票收益率。从投资者行为来看,当货币供应量发生变化时,通货膨胀率会发生变化,包括货币和股票在内的各种资产的相对收益率改变,投资者因而会调整其资产构成,由此股票供求关系发生变化,从而股票价格发生变化。从企业生产经营来看,货币冲击使得通货膨胀率和股价发生改变,企业的生产经营策略也会发生变化,进而影响企业股票价格。

Tobin 等(1969)的资产选择理论则从资产替代效应和积累效应两个方面阐述了利率是如何影响股票价格的。利率的下降会使得投资者原有的资产组合均衡被打破,为实现资产组合新的均衡,投资者将增加股票资产的需求,从而使得股价上升,此即资产替代效应。而积累效应则是指,利率的下降使得无风险资产收益下降,为实现更高的收益率,投资者增加对股票这类高收益风险资产的购买,从而使得股票价格上升。

(2)股票价格影响上市公司股权融资规模的理论模型

本书在 Myers(1984)的融资优序模型和束景虹(2013)的上市公司股权融资偏好模型基础上构建了股票价格影响上市公司股权融资规模的理论模型,以此来阐述股票价格是如何影响上市公司股权融资规模的。

假设公司股东可以分为两大类,即大股东和流通股股东,大股东持有的股票不能充分流通,而流通股股东则是按照公司股票市场价格购买股票。假设大股东和管理层除了拥有公开信息外,还掌握了一些公司内部信息,而流通股股东只拥有公开信息。

根据股利贴现模型,股票的内在价值等于股票持有者未来年份得到的分红和利息的现值。如果股票市场价格高于其内在价值,那么股票被高估了;反之,则是低估。如果市场是完全有效的,那么股票价格偏离内在价值的期望值为零。但若市场不是完全有效的,那么股票价格会长期偏离其真实价值,会存在高估和低估的情形。

大股东和管理层可以根据公开信息及其所掌握的公司内部信息来判断股票的内在价值,而流通股股东只能根据公开信息来估计股票的内在价值。假设大股东对公司价值的判断为 $E(V_0)$,而流通股股东对公司价值的判断即为股票市场价格 $P$。

假设此时公司面临一个投资机会 A,大股东和管理层基于公开信息和内部信息,判断项目获得成功的概率为 $\pi$,若获得成功则项目净现值为 $S$,若失败则项目净现值为 $L$,并且 $L<S$。大股东和管理层预期的项目净现值可以表示为:

$$E(A)=\pi\times S+(1-\pi)\times L \tag{4—10}$$

如果公司不进行股权融资,则此时对于大股东来说,公司的价值为:

$$V_1=E(V_0)+E(A) \tag{4—11}$$

假设管理层代表着大股东的利益,而大股东的财富即是其占有的公司价值。设大股东所占公司股份比例为 $\beta$,则大股东占有的公司价值为:

$$V_2=\beta[E(V_0)+E(A)] \tag{4—12}$$

与大股东相比,流通股股东由于只拥有公开信息,并不能较好地判断项目成功的概率,因而不能正确地评估项目的净现值。Myers(1984)的融资优序理论认为当公司选择进行股权融资时,其向外部投资者所传递的信号是负面的,因而投资者会进行逆向选择,即认为公司投资项目的净现值为 $L$。

假设公司决定进行股权融资,并且融资额为 $F$,那么对于外部投资者而言,他们认为股权再融资后的公司价值为:

$$V_3=P+L+F \tag{4—13}$$

假设此时新股东在公司中占有份额为 $\alpha$,则其占有的公司价值为 $\alpha\times(P+L+F)$,假设对于新股东来说,他们要求占有的公司价值不小于出资额，即：

$$\alpha \times (P+L+F) \geqslant F \tag{4-14}$$

可以推导出：

$$\alpha \geqslant \frac{F}{P+L+F} \tag{4-15}$$

而公司原有股东则希望在再融资时能够用最小的份额换取最大的融资额，因而双方博弈的均衡结果便是：

$$\alpha = \frac{F}{P+L+F} \tag{4-16}$$

因而，进行股权再融资后，原有股东占有的公司价值为：

$$\left(1-\frac{F}{P+L+F}\right)[E(V_0)+F+E(A)] \tag{4-17}$$

原有股东能够从股权融资中获取的收益，即为股权融资前后其所占有的公司价值变化，可以表示为：

$$\theta = \left(1-\frac{F}{P+L+F}\right)[E(V_0)+F+E(A)]-\beta[E(V_o)+E(A)] \tag{4-18}$$

为分析原有股东从股权融资中所获取的收益与股票价格的关系，我们就上式对股票价格求导，可得：

$$\frac{\partial \theta}{\partial P} = \frac{F[F+E(V_0)+E(A)]}{(P+L+F)^2} > 0 \tag{4-19}$$

可以看到，除非 $E(A)$ 显著为负，且绝对值大于大股东对公司原有价值的判断 $E(V_0)$ 以及股权再融资 $F$ 之和，否则上式总是为正。这表明股票价格是影响原有股东从股权融资中所获取收益的重要因素。

模型表明股票价格越高，上市公司进行股权融资时，原有股东从股权融资中获得的价值越高。因此，股票价格越高，大股东越有激励进行股权融资；股票价格较高时，上市公司股权融资额也会相应较高。而货币政策变化会引起股票价格同向变动，因而货币政策会引起股权融资额的同向变化。

## 4.2　中国货币政策与股权融资现实分析

### 4.2.1　中国股市迅速发展

我国作为发展中国家，银行在金融结构中仍然处于主导地位，但随着资本市场的发展，资本市场的融资能力以及资源配置能力也得以提升。

自 2005 年股权分置改革以来，我国股票市场发展迅速，股票市场的规模、融资能力以及社会对于股市的参与度都得到了很大发展。股权分置改革消除了流通股与非流通股的差异，降低了国有股的比重，削弱了垄断的力量，从而提高了竞争的程度。此外，在这项改革中，上市公司的治理结构也得到了有效的改善，上市公司变得更为透明，因而上市公司对于经济的贡献得以提高。中国股市自 2006 年以来得到了居民更广泛的参与，更多家庭的股票资产在迅速增加，因此股票价格的波动将影响更多家庭的收入和支出。我国股票市场的融资能力得到了很大的提高，股市作为一种资源配置的手段也正发挥着越来越重要的作用。

与此同时，我国已基本形成主板、创业板及科创板等不同层次资本市场。其中，主板市场主要面向规模相对较大、处于成熟阶段且盈利能力较稳定的上市公司，创业板市场则主要面向处于种子期中后期和产业化阶段初期的高新技术企业、创业企业和民营企业等，而科创板市场则专门面向科技企业。上市公司中许多属于高新技术产业及战略性新兴产业，在一定程度上代表了我国科技创新、产业结构调整和升级的发展方向。我国证券市场初步呈现各层次市场相互补充、相互促进的良好态势。

### 4.2.2 中国货币政策与股权融资规模

股权融资主要包括首次公开上市发行股票融资(IPO)和后续的股权再融资(SEO)两种方式。其中,首次公开发行股票是指企业通过证券交易所公开上市,并首次发行股票筹集资金用于企业发展;而股权再融资则是指公司上市以后进行再融资,主要包括配股和增发新股两种方式。配股是指上市公司按照一定比例向在册股东分配优先购股权以出售新股,而增发新股则是面向所有公众发售新股。

根据我国历史上的数据,货币供应量、股票价格与股权融资规模增长三者间存在着较为密切的关系,三者的变动趋势往往表现出较为一致的态势,尤其是股票价格与股权融资增长。随着股票价格的攀升,股权融资增长往往也大幅提高,此后随着股票价格的下跌,股权融资增长也快速下跌。

国外的文献证明了股票发行与股票价格间存在着相关性,企业往往会选择在股票价格高估时发行股票,而在股票价格较低时延缓股票发行或者回购股票(Baker 和 Wurgler,2002;Chen 和 Zhao,2004;Ronghing 和 Ritter,2005)。

但是,目前我国还没有全面实现股票发行注册制,企业并不能根据市场时机完全自主决定股权融资的时机。然而,一些学者认为,证监会在进行 IPO 和再融资的审批时,往往也会考虑到股票市场的表现(束景虹,2010),在股票市场繁荣时,证监会往往放松控制,大量批准 IPO 和再融资;而当股市表现不好时,上市公司从提交融资申请到最终核准通过的期间较长,被监管机构扣押的概率也较大。这在一定程度上表明监管机构会在股票价格低的年份对上市公司的融资申请进行扣押,等到行情好时统一放行,因而,监管机构也存在一定的择机行为。

虽然我国存在着监管机构对企业股权融资行为的政策限制,但即便如此,仍然拥有择机行为存在的基础。由于货币政策会影响到股票价格,而企业股权融资决策又与股票价格有关,因而货币政策会通过股票价格渠道影响到企业股权融资。

## 4.3　货币政策、股票价格与产业股权融资的实证分析

### 4.3.1　实证模型和变量选择

(1)实证模型选择

本节旨在考察货币政策对各个产业股权融资的影响,因此我们以产业内的上市公司为横截单元,将产业内所有个体的时间序列数据组成面板数据,用以估计和检验模型,模型设计如下:

$$\begin{aligned} Bequity_t^{i,j} = {} & C_{it} + \alpha_{1,i} M2_t + \alpha_{2,i} M2_t \times SP_t^{i,j} + \alpha_{3,i} TGA_t^{i,j} \\ & + \alpha_{4,i} Lev_t^{i,j} + \alpha_{5,i} ROA_t^{i,j} + \alpha_{6,i} Opca_t^{i,j} + \alpha_{7,i} Size_t^{i,j} \\ & + \alpha_{8,i} Creat_t^{i,j} + \beta_i IPO_t + \theta_i tq_t + \varepsilon_{i,t} \end{aligned}$$

实证模型中,下标 $t$ 表示时间,上标 $j$ 表示产业,$i$ 表示 $j$ 产业内的企业,$\varepsilon_{i,t}$ 为随机误差项。$Bequity_t^{i,j}$ 为企业的股权融资变动;$C_{it}$ 为常数项;$M2_t$ 为货币政策变量;$M2_t \times SP_t^{i,j}$ 为货币政策与股票价格的交叉项;$TGA_t^{i,j}$、$Lev_t^{i,j}$、$ROA_t^{i,j}$、$Opca_t^{i,j}$、$Size_t^{i,j}$、$Creat_t^{i,j}$ 为控制变量,用以反映企业经营状况和特征对其股权融资的影响;$IPO_t$ 为股权融资虚拟变量,用以反映政府政策对 IPO 发行的影响;$tq$ 为时间虚拟变量,反映 2008 年金融危机的影响。

(2)变量选择

①股权融资变量($Bequity$):参照马文超(2012)的做法,我们选取企业的净权益反映企业的股权融资额,为了便于比较,我们将其除以企业总资产进行标准化得到净权益占比,净权益占比的计算公式为:(期末股本+期末资本公积)/期末总资产。虽然这样的计算方法不能非常精确地衡量企业从股票市场的融资量,但由于数据可得性的限制以及计量模型对于数据连续性的要求,这样的计算方法也能够较好地衡量企业股权融资的规模。我们取净权益占比的季度对数并且减去上年同一季度的净权益

占比对数，这样便反映了企业股权融资的变动。

②货币政策变量($M2$)：这里选取货币供应量 M2 作为货币政策的代理变量，我们取其季度平均值的对数，并且减去上年同一季度的对数值，得到 M2 的同比变动值。由于货币政策的变化对企业股权融资的影响具有一定的时滞，因而我们选取领先于企业股权融资变动值两期的货币供应量变动值。

③货币政策与股票价格的交叉项($M2\times SP$)：由于货币政策可以引起股票价格变化，而市场择机理论则表明上市公司会根据股票价格择时进行股权融资，因而股票价格是货币政策作用于股权融资的一个渠道。为了反映这一渠道，我们在模型中加入了货币政策与股票价格的交叉项，以此反映货币政策通过股票价格渠道对上市公司股权融资的影响。对于股票价格，我们选取企业股票价格的季度平均值，并且也取其同比对数。

④控制变量：由于本书主要考察作为供给方面主要因素之一货币政策变化对企业股权融资的影响，因而控制变量选取主要考虑需求方面的因素。参照 Baler 和 Wurgler(2002)、才静涵和刘红忠(2006)以及马文超(2012)的研究，本书主要考虑企业规模、企业盈利能力、企业创新能力、企业内源性融资和债务融资方面的因素。

企业的内源性融资与债务融资对股权融资有着替代作用，为控制这两种融资方式对股权融资的影响，我们在模型中用企业经营性现金流($Opca$)来反映企业的现金流，用有形资产比率($TGA$)来反映企业向银行贷款的抵押能力，用资产负债率来反映企业的负债水平。

我们用总资产收益率($ROA$)来反映企业的盈利能力，计算方法为净利润/总资产。企业的盈利能力会影响到企业的经营业绩以及股票价格，盈利能力较高的公司通常股权融资能力较强，但盈利能力较高的公司现金流通常较丰富，企业内源融资的能力较强，因而对于股权融资的需求会相对较小。

对于企业规模($Size$)，本书用企业总资产来反映，企业规模不仅会对企业的生产经营活动产生影响，而且会影响到企业从银行获得贷款的能力，从而影响到企业股权融资的决策。企业的创新能力（*Creat*）对股权融资也有着重要影响，一些创新能力较强的公司通常处于发展的初期，对股权融资有较大需求，而较强的创新能力通常也意味着较强的股权融资能力，本书用企业的无形资产来反映企业的创新能力，并取同比对数。各控制变量的含义与符号如表 4—1 所示。

**表 4—1　　控制变量含义与符号**

| 符号 | 名称 | 公式 |
|---|---|---|
| *TGA* | 有形资产比重 | 有形资产/总资产 |
| *Lev* | 资产负债率 | 负债/总资产 |
| *ROA* | 总资产收益率 | 净利润/总资产 |
| *Opca* | 经营性现金流 | 经营性现金流/总资产 |
| *Size* | 企业规模 | 企业总资产 |
| *Creat* | 创新能力 | 无形资产同比对数增长 |

⑤股权融资虚拟变量（*IPO*）：由于我国企业股权融资受到政府政策的影响，因而我们引入股权融资政策虚拟变量，以反映政府对股权融资的政策松紧。IPO 正常发行时为 0，IPO 暂停时为 1，其中 2004 年第三季度至 2006 年第二季度、2008 年第四季度至 2009 年第二季度、2012 年第四季度到 2013 年第一季度的 IPO 变量取为 1，其余时间段取为 0。

⑥时间虚拟变量（*tq*）：2008 年的次贷危机给企业的经营和融资带来很大影响，为了反映这一影响，我们加入时间虚拟变量，当时间为 2008 年第四季度至 2010 年第一季度时，时间虚拟变量为 1，当处于其他时间段时，该虚拟变量取值为 0。

我们选取的样本时间区间依然为 2003 年第一季度至 2013 年第二季度，并且剔除了 ST 类上市公司和明显偏离行业内部平均值的异常公司的数据，并且剔除了金融行业公司，为保证样本总数尽可能地大，本书使用非平衡面板数据模型来进行分析，样本共包括 1 722 家上市公司，所有原始数据均来自万德。

### 4.3.2 货币政策、股票价格与产业股权融资实证分析

(1)货币政策、股票价格与三次产业股权融资

我们首先来对三次产业的股权融资与货币政策的关系进行考察，从表4—2可以看出，三次产业的M2与股票价格交叉项的系数都是显著的，且符号都为正，这说明M2通过股票价格渠道对第一、第二和第三产业的股权融资都产生了显著的正向影响，即货币政策变动通过影响股票价格进而对产业股权融资变动产生了影响。

表4—2　货币政策、股票价格与三次产业股权融资

| | 第一产业 | 第二产业 | 第三产业 |
|---|---|---|---|
| 常数项 | −6.752* | −3.407*** | −1.869* |
| | (0.071) | (0.000) | (0.062) |
| 货币政策变量 | | | |
| *M2 * SP*(M2与股票价格交叉项) | 0.034 0*** | 0.037 7*** | 0.036 8*** |
| | (0.005) | (0.000) | (0.000) |
| *M2* | 1.322* | 0.607*** | 0.228 |
| | (0.085) | (0.000) | (0.276) |
| 控制变量 | | | |
| *TGA* | 0.563*** | 0.117*** | 0.055 9*** |
| | (0.008) | (0.000) | (0.000) |
| *Lev* | −0.078 5 | −0.202*** | −0.120*** |
| | (0.473) | (0.000) | (0.000) |
| *ROA* | −0.013 5* | −0.020 6*** | −0.010 4*** |
| | (0.064) | (0.000) | (0.000) |
| *Opca* | −0.026 3** | −0.022 4*** | −0.007 74*** |
| | (0.017) | (0.000) | (0.001) |
| *Size* | −0.100 | 0.045 5*** | 0.040 6*** |
| | (0.366) | (0.000) | (0.003) |
| *Creat* | 0.098 4*** | 0.051 4*** | 0.012 5** |
| | (0.002) | (0.000) | (0.036) |

续表

| | 第一产业 | 第二产业 | 第三产业 |
|---|---|---|---|
| *tq* | −0.115** | −0.053 6*** | −0.005 09 |
| | (0.018) | (0.000) | (0.730) |
| *IPO* | 0.070 2* | 0.021 3*** | 0.027 1*** |
| | (0.065) | (0.001) | (0.006) |

当货币供应量增加时，会带动企业股票价格上涨，而较高的股票价格又会促进企业的股权融资；当货币供应量减少时，企业股票价格下跌，此时企业倾向于减少股权融资。各产业股权融资显著地随货币政策变化而同步变化，其中 M2 通过股票价格渠道对第二产业的股权融资影响最大，其次是第三产业，而第一产业股权融资受货币政策股票价格渠道影响最小。

当股市表现较好、企业股票价格较高时，投资者认购股票的热情较高，并且企业以较少的股权即能筹集到经营所需的资金，此时企业股权融资成本较低；而当股市表现不好时，投资者购买股票的积极性不高，由于企业股票价格较低，企业需要让渡较多的股权才能融得一定的资金，因而此时企业股权融资的成本较高。因此，出于利润最大化的动机，企业便有动机在股票价格较高或者高估时发行股票，而在股票价格被低估时选择回购股票。

除去股票价格渠道后，M2 对第二产业股权融资影响仍然是显著的，第一产业在 10%的水平下显著，而第三产业股权融资对 M2 的反应不再显著。这说明货币政策对第一和第三产业股权融资的影响主要是通过股票价格渠道。

IPO 虚拟变量对三次产业股权融资的影响也是显著的，这说明 IPO 与股权再融资审批政策的松紧对企业股权融资产生了很大影响。虽然我国存在着监管机构对企业股权融资行为的政策限制，但即便如此，货币政策仍然通过股票价格渠道对产业的股权融资产生了影响。

从实证结果中可以看出，尽管我国政府对 IPO 和股权再融资存在着管制，但是上市公司仍然存在着择时行为，倾向于在股票价格较高时发行股票。这也可能是与政府存在着一定程度上的政策审批择时有关，当股票市场表现较好时倾向于放松审批政策，当股市表现不好时倾向于收紧审批政策。因此，货币政策通过股票价格渠道对产业股权融资影响很显著，宽松的货币政策引起股票价格上升从而产业股权融资相应增加，紧缩的货币政策导致股票价格下跌，产业股权融资额也随之下降，其中尤以第二产业最为明显。

(2)货币政策对不同特征行业股权融资规模的影响

不同特征的行业对股权融资的依赖程度是不同的，若行业内企业能够从银行获得足够的贷款或者企业内部现金流较充分，可以利用自身资金进行投资，那么企业对股权融资的需求会相对小一些。一些较成熟的行业，或者行业内企业规模较大或可抵押资产较多的行业，比较容易从银行获得贷款，其对股权融资的依赖性较小，可以预见这些行业股权融资对货币政策的敏感性可能也相对较小；而一些新兴行业由于经营风险和技术风险较大，往往难以从银行获得足够的贷款，或者行业内企业规模较小、可抵押资产较少，这些行业对股权融资较为依赖，可以预见货币政策对这些行业股权融资影响可能较大。

为考察货币政策对不同特征行业股权融资的影响，参照三次产业股权融资的模型，我们分别对第二和第三产业内部的不同行业分别建立面板数据模型，来考察二、三产业内部不同特征的行业股权融资与货币政策的关系，实证结果如表 4－3 所示。

由表 4－3 可以看出，M2 通过股票价格渠道对各个行业股权融资的影响仍然都是显著的，且符号为正，即货币政策的变化带来股票价格的变化，并由此带来各行业股权融资的同向变化。第二产业中技术密集型行业股权融资对货币政策与股票价格的交叉项最敏感，其次是劳动密集型行业，最后是资本密集型行业。这说明货币政策通过股票价格渠道对技术密集型行业的股权融资影响最大，其次是劳动密集型行业，资本密集型行业股权融资受影响最小。

**表 4—3　　货币政策、股票价格与不同特征行业股权融资规模**

| | 第二产业 | | | 第三产业 | |
|---|---|---|---|---|---|
| | 劳动密集型行业 | 资本密集型行业 | 技术密集型行业 | 生产性服务业 | 消费性服务业 |
| 常数项 | −4.101*** | −1.560** | −4.252*** | −3.859*** | −1.882** |
| | (0.000) | (0.012) | (0.000) | (0.000) | (0.023) |
| 货币政策变量 | | | | | |
| *M2 * SP*（M2 与股票价格交叉项） | 0.035 3*** | 0.034 6*** | 0.042 5*** | 0.052 9*** | 0.023 5*** |
| | (0.000) | (0.000) | (0.000) | (0.000) | (0.000) |
| *M2* | 0.778*** | 0.252 | 0.741*** | 0.505 | 0.392 |
| | (0.004) | (0.257) | (0.002) | (0.184) | (0.189) |
| 控制变量 | | | | | |
| *TGA* | 0.105*** | 0.118*** | 0.137*** | 0.027 5** | 0.060 8*** |
| | (0.001) | (0.000) | (0.000) | (0.021) | (0.007) |
| *Lev* | −0.180*** | −0.254*** | −0.183*** | −0.143*** | −0.237*** |
| | (0.000) | (0.000) | (0.000) | (0.004) | (0.000) |
| *ROA* | −0.016 7*** | −0.014 7*** | −0.028 9*** | −0.027 2*** | −0.006 38** |
| | (0.000) | (0.000) | (0.000) | (0.000) | (0.046) |
| *Opca* | −0.023 9*** | −0.013 7*** | −0.027 5*** | −0.015 4** | −0.008 37** |
| | (0.000) | (0.000) | (0.000) | (0.011) | (0.011) |
| *Size* | 0.006 69 | 0.092 7*** | 0.034 4** | 0.087 4*** | 0.082 1*** |
| | (0.757) | (0.000) | (0.049) | (0.008) | (0.000) |
| *Creat* | 0.060 5*** | 0.046 4*** | 0.048 3*** | 0.000 833 | 0.025 7** |
| | (0.000) | (0.000) | (0.000) | (0.946) | (0.019) |
| *tq* | −0.064 8*** | −0.035 2** | −0.059 5*** | −0.024 7 | −0.015 3 |
| | (0.001) | (0.011) | (0.000) | (0.358) | (0.444) |
| *IPO* | 0.037 9*** | 0.018 0 | 0.014 1 | 0.056 2*** | 0.010 2 |
| | (0.002) | (0.115) | (0.176) | (0.003) | (0.548) |

除股票价格之外，货币供应量通过其他渠道对劳动密集型行业和技术密集型行业的股权融资变动的影响是显著的，但对资本密集型行业股权融资的影响不显著。综合起来看，在第二产业中货币供应量对技术密集型行业的股权融资变动影响相对较大，而对资本密集型行业股权融资变动影响相对较小。

技术密集型行业中有许多企业属于新兴产业，技术风险和经营风险都比较大，一些企业的规模较小且不能提供银行贷款所要求的足够的抵押资产。由于银行自身规避风险的要求，往往不能给予这类企业足够的贷款；而股票市场却可以通过投资组合分散投资者风险，并且股市发展可以提高长期资本投入的流动性，从而降低长期资本投入的风险，此外，股票市场还可以为投资者提供高额回报。因此，一些风险较大的新兴产业可以从股票市场上募得资金，故技术密集型行业往往对股权融资比较依赖。由此当货币政策变化时，技术密集型行业股权融资对其反应最为敏感。技术密集型行业具有高收益性、高成长性的特征，这些特征使得技术密集型上市公司需要更多的股权融资以支持其高成长性和高投入性，而其高收益性也让它拥有较多的股权融资机会。

资本密集型行业往往属于发展比较成熟的行业，企业规模比较大，并且拥有雄厚的固定资产可用于抵押，因而这类行业往往比较容易从银行获得贷款支持，对股权融资的依赖度较小。因此，资本密集型行业的股权融资对货币政策不太敏感。

生产性服务业股权融资对货币政策与股票价格交叉项的反应比消费性服务业敏感一些。生产性服务业的技术含量总体上高于消费性服务业，一些新兴的生产性服务业技术风险较大，因而这类产业从银行贷款有一定的困难，比较依赖股权融资。由此，货币政策变化带来的股权融资变化在生产性服务业大于在消费性服务业。消费性服务业的经营风险比较小，并且对资金的需求量小于生产性服务业，因而其股权融资对货币政策变化不太敏感。

从表4—3中可以看到，除股票价格渠道外，货币供应量对生产性和消费性服务业的影响不再显著，这说明货币供应量对服务业股权融资的影响主要是通过股票价格渠道。

### 4.3.3 货币政策对战略性新兴产业股权融资的影响

新兴产业往往不能获得足够的银行信贷支持，而股票市场则能够为这些产业提供资金支持，促进企业技术创新和产业转型升级。在经济发展和产业结构调整升级的过程中，新兴产业能够带动相关产业发展并且引导产业结构演变方向。新兴产业一般具有较高的生产率，代表了产业调整和发展的方向，发展新兴产业尤其是战略性新兴产业对于我国的经济转型和产业结构优化调整具有重要意义。

战略性新兴产业是指以重大技术突破和重大发展需求为基础，知识技术密集、物质资源消耗少、综合效益好、成长潜力大且对经济社会全局和长远发展具有重大引领作用的产业。2010 年 10 月我国国务院确定了七大战略性新兴产业，并制定了在 2020 年前将七大产业培育成为国民经济的先导产业和支柱产业的目标。①

罗斯托(2001)认为，在某些部门率先出现的创新，可以通过与其他部门的复杂关联对产业结构转换发生重大影响，尤其是主导部门若能推动创新，则可以通过其扩散效应推动产业结构转换，从而加速经济增长。战略性新兴产业具有高技术和创新基础，并且能够通过关联效应与其他产业部门发生关联，将产业的重大技术突破扩散到其他产业，从而促进新产业形成和传统产业升级发展，推动产业结构升级和经济发展方式转变。战略性新兴产业很强的渗透性和正外部性，对于我国的经济转型和产业结构调整具有重要意义。要发挥多层次资本市场对经济转型和产业结构优化调整的作用，必须强化股票市场对战略性新兴产业的融资功能。

本部分我们根据国务院确定的七大战略新兴产业，选取一些相关产业来检验货币政策对其股权融资的影响。万德主题指数是万德资讯根据市场热点编制的板块指数，主要反映市场某一类热点主题的走势，包括了该热点和主题的主要股票。万德主题指数所涵盖的上市公司可以作为战略性新兴产业的代表性样本。

我们依据我国七大战略新兴产业的内容，从万德主题指数中选取环

---

① 根据 2010 年 10 月颁布的《国务院关于加快培育和发展战略性新兴产业的决定》，我国目前的战略性新兴产业确定为节能环保、新一代信息技术、生物、高端装备制造、新能源、新材料和新能源汽车七大重点。

保、建筑节能、绿色节能照明、物联网、新材料、新能源、新能源汽车、智能电网这八个主题指数所涵盖的上市公司,以此为代表来考察货币政策对战略性新兴产业股权融资的影响。各主题指数包括的上市公司数目如表4—4所示。

**表4—4　　万德主题指数部分板块上市公司数目**　　单位:家

| 板块 | 公司数目 |
|---|---|
| 环保 | 48 |
| 建筑节能 | 22 |
| 绿色节能照明 | 34 |
| 物联网 | 29 |
| 新材料 | 32 |
| 新能源 | 29 |
| 新能源汽车 | 26 |
| 智能电网 | 54 |

数据来源:万德资讯。

我们依然沿用第三节中的实证模型,来考察货币政策对战略性新兴产业股权融资的影响,模型变量选取与上文中相同,实证结果如表4—5所示。

**表4—5　　货币政策、股票价格与战略性新兴产业股权融资**

| | 环保 | 建筑节能 | 绿色节能照明 | 物联网 |
|---|---|---|---|---|
| 常数项 | $-8.896^{***}$ | $-8.488^{**}$ | 3.746 | 5.618 |
| | (0.008) | (0.025) | (0.246) | (0.148) |
| 货币政策变量 | | | | |
| $M2*SP$(M2与股票价格交叉项) | $0.0487^{***}$ | 0.00949 | $0.0495^{***}$ | $0.0911^{***}$ |
| | (0.000) | (0.452) | (0.000) | (0.000) |
| $M2$ | $1.600^{**}$ | $1.667^{**}$ | $-0.837$ | $-1.678^{**}$ |
| | (0.025) | (0.035) | (0.233) | (0.044) |

续表

| | 环保 | 建筑节能 | 绿色节能照明 | 物联网 |
|---|---|---|---|---|
| 控制变量 | | | | |
| *TGA* | 0.068 0*** | 0.921*** | 0.052 2** | −0.018 1 |
| | (0.004) | (0.000) | (0.010) | (0.507) |
| *Lev* | −0.120 | 0.250** | −0.295*** | −0.190*** |
| | (0.191) | (0.047) | (0.000) | (0.007) |
| *ROA* | −0.069 9*** | −0.028 0 | −0.034 6*** | −0.033 9** |
| | (0.000) | (0.139) | (0.008) | (0.038) |
| *Opca* | −0.042 4*** | −0.030 8** | −0.008 75 | −0.020 8 |
| | (0.000) | (0.029) | (0.358) | (0.102) |
| *Size* | 0.080 4 | −0.150** | −0.052 3 | 0.048 9 |
| | (0.114) | (0.032) | (0.171) | (0.400) |
| *Creat* | 0.050 1*** | −0.008 76 | 0.094 2*** | −0.023 9 |
| | (0.009) | (0.632) | (0.000) | (0.312) |
| *tq* | −0.051 2 | −0.131* | −0.067 5 | 0.051 6 |
| | (0.391) | (0.053) | (0.227) | (0.444) |
| *IPO* | 0.028 6 | 0.064 1 | −0.075 8* | 0.036 1 |
| | (0.517) | (0.248) | (0.075) | (0.510) |

| | 新材料 | 新能源 | 新能源汽车 | 智能电网 |
|---|---|---|---|---|
| 常数项 | 0.779 | −2.035 | 5.214** | 1.585 |
| | (0.840) | (0.439) | (0.022) | (0.490) |
| 货币政策变量 | | | | |
| *M2 * SP*(M2 与股票价格交叉项) | 0.054 6*** | 0.048 4*** | 0.026 1*** | 0.058 8*** |
| | (0.000) | (0.000) | (0.000) | (0.000) |
| *M2* | −0.248 | 0.371 | −1.004** | −0.688 |
| | (0.765) | (0.510) | (0.037) | (0.158) |
| 控制变量 | | | | |
| *TGA* | 0.870*** | 0.459*** | 0.328*** | 0.700*** |
| | (0.000) | (0.000) | (0.000) | (0.000) |
| *Lev* | −0.247*** | −0.371*** | −0.393*** | −0.055 5 |
| | (0.005) | (0.000) | (0.000) | (0.380) |
| *ROA* | −0.083 1*** | −0.024 3*** | −0.008 74 | −0.046 7*** |
| | (0.000) | (0.008) | (0.347) | (0.000) |
| *Opca* | −0.023 4** | −0.024 9*** | −0.018 9*** | −0.025 3*** |
| | (0.050) | (0.001) | (0.006) | (0.001) |

续表

| | 新材料 | 新能源 | 新能源汽车 | 智能电网 |
|---|---|---|---|---|
| *Size* | −0.148** | 0.069 9*** | 0.095 0*** | 0.028 1 |
| | (0.044) | (0.004) | (0.000) | (0.335) |
| *Creat* | 0.065 0 | 0.085 5*** | 0.196*** | 0.021 7 |
| | (0.120) | (0.000) | (0.000) | (0.160) |
| *tq* | 0.003 28 | −0.086 5* | 0.010 1 | −0.069 8* |
| | (0.961) | (0.063) | (0.792) | (0.083) |
| *IPO* | 0.028 1 | 0.082 9** | −0.029 8 | 0.021 0 |
| | (0.621) | (0.039) | (0.355) | (0.540) |

从表 4—5 中可以看到，货币政策与股票价格交叉项的系数除了建筑节能行业不显著以外，其他七个行业都是显著为正的，并且该系数与上文中其他产业相比也较大。而 M2 的系数只有环保、建筑节能和新能源汽车行业显著，这说明货币政策对这七类战略新兴行业的影响主要是通过股票价格渠道，货币政策通过股票价格渠道对股权融资的影响对战略性新兴产业尤其明显。

从实证结果可以看到，货币政策对战略性新兴产业股权融资的影响比非战略性新兴产业要大，这可能是由于战略性新兴产业对股权融资依赖度大于其他产业，因而其股权融资对货币政策更敏感。

战略性新兴产业的创新投资和转型升级均具有一定的风险，而银行信贷更偏向于低风险的保守投资项目，因而银行信贷对战略性新兴产业促进作用有限。银行与战略性新兴产业之间面临的信息不对称性要比传统产业大得多，并且战略性新兴产业对技术的要求较高并且创新开发的不确定性较大，企业面临的经营风险和技术风险较大，因而战略性新兴产业往往难以获得有效的债务融资。与此相对，股权融资具有期限长、流动性强、融资成本低、抗风险能力强等特点，战略性新兴产业可以借助股票市场分散风险，获得长期资本投入，因而股权融资是战略性新兴产业重要的融资来源。战略性新兴产业与其他产业相比对股权融资更为依赖，因而货币政策的变化对其股权融资规模影响更大。

## 4.4　股权融资促进产业发展的实证分析

股票市场可以为资本要素配置提供有效的渠道和机制,可以降低资本要素的流动成本,提高资本要素的配置效率。一方面,股票市场可以把零散的社会闲置资金集中起来,为筹资者提供大规模经营的长期资金来源。另一方面,投资者可以根据市场披露的信息和自身判断选择投资对象,投资者通常选择盈利良好且成长性较高的优质企业进行投资,而一些业绩较差、成长性较低、缺乏竞争力的企业则很难得到资本市场的支持,从而使资本要素流向发展前景广阔且具备成长空间的新兴产业。因此,股票市场可以引导资本对不同产业进行投资配置,形成资本在不同产业部门间的分配,下面本书将检验股权融资对于促进产业发展的作用。

### 4.4.1　实证模型和变量选择

(1)实证模型选择

本书采用如下非平衡固定效应面板数据模型来分析股权融资对产业发展的影响:

$$
\begin{aligned}
Y_t^{i,j} = & C_{i,t} + \alpha_{1,i} Bequity_t^{i,j} + \alpha_{2,i} Debt_t^{i,j} + \alpha_{3,i} ROE_t^{i,j} \\
& + \alpha_{4,i} PPI_t^{i,j} + \alpha_{5,i} Turno_t^{i,j} + \alpha_{6,i} Size_t^{i,j} + \alpha_{7,i} Fina_t^{i,j} \\
& + \beta_i tq_t + \gamma_i IPO_t + \varepsilon_{i,t}
\end{aligned}
$$

同样,模型中的 $t$ 表示时间,$j$ 表示产业,$i$ 表示 $j$ 产业内的企业,$C_{i,t}$ 表示常数项,$\varepsilon_{i,t}$ 表示随机误差项,$tq_t$ 和 $IPO_t$ 为虚拟变量,$Debt_t^{i,j}$、$ROE_t^{i,j}$、$Turno_t^{i,j}$、$Size_t^{i,j}$、$Fina_t^{i,j}$、$PPI_t^{i,j}$ 为控制变量。

(2)实证变量选择

模型中,$Y_t^{i,j}$ 表示企业产出,我们依然用企业的营业收入来作为代理变量,并取其同比对数;$Bequity_t^{i,j}$ 表示股权融资,本书用(期末股本+期末资本公积)/期末总资产的同比对数来表示。

选取的控制变量包括:

企业有息债务(*Debt*):企业外源融资除了股权融资外还包括债务融资,本书在此选取企业有息债务,以控制债务融资对企业收入的影响;企业经营管理能力(*Turno*):本书选取企业总资产周转率来反映,企业的总资产周转率越高则表示企业的经营管理能力越强;企业规模(*Size*):用企业总资产来表示;其他的控制变量还包括企业盈利能力(*ROE*)、企业财务费用(*Fina*)、工业品价格指数(*PPI*)。

*tq* 表示时间虚拟变量,当时间为 2008 年第四季度至 2010 年第一季度时,时间虚拟变量为 1;当处于其他时间段时,该虚拟变量取值为 0。*IPO* 表示股权融资虚拟变量,由于我国企业股权融资受到政府政策的影响,因而我们引入股权融资政策虚拟变量,以反映政府对股权融资的政策松紧。IPO 正常发行时为 1,IPO 暂停时为 0,其中 2004 年第三季度至 2006 年第二季度、2008 年第四季度至 2009 年第二季度、2012 年第四季度到 2013 年第一季度的 IPO 变量取为 1,其余时间段取为 0。

本节的数据来源与本章第三节相同。

### 4.4.2 股权融资与产业发展实证分析

**表 4—6　　股权融资对三次产业发展的影响**

| | 第一产业 | 第二产业 | 第三产业 |
|---|---|---|---|
| 常数项 | −3.002 | −7.561*** | −3.985*** |
| | (0.612) | (0.000) | (0.002) |
| *Bequity* | 0.065 0 | 0.139*** | 0.136** |
| | (0.402) | (0.000) | (0.015) |
| *PPI* | 0.614 | 1.588*** | 0.750*** |
| | (0.621) | (0.000) | (0.005) |
| *Turno* | 0.066 8 | 0.084 8*** | 0.182*** |
| | (0.186) | (0.000) | (0.000) |
| *Debt* | 0.010 1 | 0.003 68*** | 0.000 256 |
| | (0.503) | (0.000) | (0.882) |
| *Fina* | −0.028 7 | −0.009 95** | −0.015 8 |
| | (0.389) | (0.041) | (0.132) |

续表

| | 第一产业 | 第二产业 | 第三产业 |
|---|---|---|---|
| *ROE* | 0.052 5* | 0.031 3*** | 0.051 3*** |
| | (0.074) | (0.000) | (0.000) |
| *Asset* | 0.054 7 | 0.032 3** | 0.040 6* |
| | (0.703) | (0.036) | (0.068) |
| *tq* | −0.037 6 | −0.015 7 | −0.023 1 |
| | (0.756) | (0.269) | (0.464) |
| *IPO* | −0.003 14 | −0.022 7** | −0.056 9*** |
| | (0.961) | (0.027) | (0.003) |

从表 4—6 中可以看到，股权融资显著地促进了二、三产业的发展，股权融资的增加提高了二、三产业的产出增长速度，并且股权融资变动对第二产业产出增长的促进幅度大于第三产业。

**表 4—7　　股权融资对不同特征行业的促进作用**

| | 第二产业 | | | 第三产业 | |
|---|---|---|---|---|---|
| | 劳动密集型行业 | 资本密集型行业 | 技术密集型行业 | 生产性服务业 | 消费性服务业 |
| 常数项 | −7.828*** | −9.433*** | −5.880*** | −6.410*** | −5.902*** |
| | (0.000) | (0.000) | (0.000) | (0.000) | (0.000) |
| *Bequity* | 0.083 1* | 0.170*** | 0.175*** | 0.269** | 0.112* |
| | (0.051) | (0.002) | (0.001) | (0.029) | (0.077) |
| *PPI* | 1.654*** | 1.994*** | 1.210*** | 1.338*** | 1.215*** |
| | (0.000) | (0.000) | (0.000) | (0.000) | (0.000) |
| *Turno* | 0.085 9*** | 0.086 0*** | 0.088 0*** | 0.098 8*** | 0.116*** |
| | (0.000) | (0.000) | (0.000) | (0.000) | (0.000) |
| *Debt* | 0.005 20*** | 0.001 62 | 0.005 22*** | 0.002 91 | 0.002 95* |
| | (0.000) | (0.303) | (0.002) | (0.242) | (0.093) |
| *Fina* | 0.002 46 | −0.005 84 | −0.016 7* | −0.007 82 | −0.022 1* |
| | (0.785) | (0.432) | (0.052) | (0.757) | (0.070) |
| *ROE* | 0.033 1*** | 0.026 4*** | 0.036 0*** | 0.019 4** | 0.021 3*** |
| | (0.000) | (0.000) | (0.000) | (0.014) | (0.000) |
| *Asset* | 0.009 85 | 0.028 5 | 0.052 9* | 0.023 0 | 0.018 0 |
| | (0.655) | (0.231) | (0.084) | (0.563) | (0.640) |

续表

| | 第二产业 | | | 第三产业 | |
|---|---|---|---|---|---|
| | 劳动密集型行业 | 资本密集型行业 | 技术密集型行业 | 生产性服务业 | 消费性服务业 |
| *tq* | 0.026 9 | −0.041 6* | −0.031 1 | −0.121** | 0.053 7 |
| | (0.248) | (0.056) | (0.291) | (0.026) | (0.130) |
| *IPO* | −0.028 8 | −0.036 3** | −0.010 7 | −0.026 6 | −0.021 3 |
| | (0.146) | (0.032) | (0.537) | (0.343) | (0.286) |

由表 4−7 可以看到，股权融资对第二产业内技术密集型行业以及生产性服务业的促进作用较大。这是由于技术密集型行业与生产性服务业中有许多企业处于产业发展初期阶段，规模较小且技术研发与创新的风险较大，这类企业很难从银行获得足够贷款，而股权融资可以为它们提供资金用于技术研发与创新，因而股权融资对技术密集型行业以及生产性服务业促进作用较大。

股权融资具有期限长、流动性强、融资成本低、抗风险能力强等特点。新兴产业和高技术产业可以借助股票市场分散风险，股市的发展能够提高长期资本投入的流动性并且降低长期资本投入的经营性风险，从而可以增加对具有高附加值但投资周期较长行业的支持。

本节的实证结果表明，股权融资较好地促进了代表我国产业结构调整方向的技术密集型行业以及生产性服务业的发展，这说明股市作为资源配置的高效机制与渠道，在我国已得到一定程度的发挥。股权融资能够促进企业技术创新和产业转型升级。

本章的理论分析表明，货币政策变化会引致股票价格系统性变化，由于企业具有在股票价格较高时择时融资的动机，因而货币政策会通过股票价格渠道对产业股权融资规模造成影响。股市作为资源配置的高效机制与渠道，能够引导资金流向代表产业未来发展方向的新兴产业和部门，从而能够促进经济发展和产业结构调整。

本章实证结果显示，我国上市公司虽不能完全自主决定股权融资时机，但货币政策仍然通过影响股票价格对产业股权融资规模形成了显著作用,并且这种变化主要是通过股票价格渠道来传导的。其中,第二产业股权融资规模受货币政策影响最大,其次是第三产业。此外,技术密集型行业和生产性服务业的股权融资规模对货币政策相对更为敏感,而战略性新兴产业的股权融资受货币政策的影响也很大。因此,当货币供应量增加时,技术密集型行业和生产性服务业的股权融资规模得到了更快增长。对各产业股权融资规模与其产出关系的实证检验表明,股权融资规模显著地促进了二、三产业的产出增长,特别是技术密集型行业和生产性服务业,这说明股市高效配置资源并促进产业结构调整的作用,在我国已得到一定程度的发挥。本章的分析表明,股权融资机制是货币政策产业效应的重要传导机制。

**附表 4a　　货币政策、股票价格与细分行业股权融资**

| | 行业 | 货币政策与股票价格交叉项对股权融资影响系数 | 行业 | 货币政策与股票价格交叉项对股权融资影响系数 |
|---|---|---|---|---|
| 第二产业 | 采矿业 | 0.010 5 | 化学原料和化学制品制造业 | 0.045 1*** |
| | 纺织服装、服饰业 | 0.067 0*** | 电力、热力、燃气及水生产和供应业 | 0.020 9*** |
| | 纺织业 | 0.018 4*** | 化学纤维制造业 | 0.053 6*** |
| | 非金属矿物制品业 | 0.039 3*** | 石油加工、炼焦和核燃料加工业 | 0.038 6*** |
| | 家具制造业 | 0.056 7** | 有色金属冶炼和压延加工业 | 0.016 6*** |
| | 建筑业 | 0.047 6*** | 造纸和纸制品业 | 0.050 1*** |
| | 金属制品业 | 0.078 8*** | 综合 | 0.008 15 |
| | 酒、饮料和精制茶制造业 | 0.007 36** | 电气机械和器材制造业 | 0.048 7*** |
| | 木材加工和木、竹、藤、棕、草制品业 | 0.045 5*** | 计算机、通信和其他电子设备制造业 | 0.063 3*** |
| | 农副食品加工业 | 0.054 8*** | 汽车制造业 | 0.027 4*** |

续表

| | 行业 | 货币政策与股票价格交叉项对股权融资影响系数 | 行业 | 货币政策与股票价格交叉项对股权融资影响系数 |
|---|---|---|---|---|
| 第二产业 | 皮革、毛皮、羽毛及其制品和制鞋业 | 0.026 6 | 铁路、船舶、航空航天和其他运输设备制造业 | 0.032 0*** |
| | 其他制造业 | 0.111*** | 通用设备制造业 | 0.061 4*** |
| | 文化、体育和娱乐业 | 0.010 6 | 医药制造业 | 0.020 8*** |
| | 文教、工美、体育和娱乐用品制造业 | 0.127** | 仪器仪表制造业 | 0.091 3*** |
| | 橡胶和塑料制品业 | 0.045 6*** | 印刷和记录媒介复制业 | 0.046 9** |
| | 黑色金属冶炼和压延加工业 | 0.018 1*** | 专用设备制造业 | 0.053 1*** |
| 第三产业 | 交通运输、仓储和邮政业 | 0.016 0*** | 批发和零售业 | 0.023 5*** |
| | 信息传输、软件和信息技术服务业 | 0.086 3*** | 水利、环境和公共设施管理业 | 0.019 1** |
| | 科学研究和技术服务业 | 0.106*** | 卫生和社会工作 | 0.076 3 |
| | 废弃资源综合利用业 | 0.136* | 房地产业 | 0.036 8*** |
| | 金融业 | 0.006 25 | 教育 | −0.001 29 |

# 第5章　货币政策产业效应的传导机制:债务融资视角

中国的融资环境与发达国家相比存在很大差异,我国企业融资渠道较少,外部融资来源仍然主要依靠债务融资。本书中的债务融资规模是指产业通过各种债务融资方式所获得的债务融资数量,具体的债务融资方式包括向银行或非银行金融机构贷款、发行债券、商业信用等。产业所获得的债务融资,会直接影响产业的发展速度。在中国特殊的企业制度与金融制度下,分析货币政策对产业债务融资的影响,对于产业发展及结构调整尤其具有重要意义。

本章的理论和实证分析主要基于以下两个方面来探讨债务融资规模是否是货币政策产业效应的传导机制之一:第一,货币政策对产业所获得的债务融资规模影响有何差异;第二,产业债务融资在促进不同产业发展方面是否具有差异。

## 5.1　理论分析

货币政策变动对产业的债务融资规模有着重要影响,尤其是货币政策对产业所获得的银行信贷规模的影响,更是其核心内容。由于金融摩擦的普遍存在,产业发展往往受制于其融资能力,若货币政策变动所引发的各产业所获得债务融资规模变化是非均质的,那么货币政策便有可能通过债务融资规模机制对产业形成结构性影响。

商业银行在产业间如何分配信贷资金,会直接影响到产业的投资和产出增长,从而影响产业发展和结构调整。若货币政策调整能够改变银行信贷产业配置行为，那么货币政策便可以通过银行信贷产业配置渠道对产业形成结构性影响。

根据信贷配给理论（Stiglitz 和 Weiss，1981），现实中有一类企业即使愿意支付较高的利率也无法获得银行贷款。假设给定现行信贷供给总量，一些借款人在任何利率下都无法得到贷款，只有随着信贷供给的提升，他们才能得到贷款，产生此种现象的根本原因是信息不对称所导致的逆向选择问题。

在信息不对称状态下，贷款企业为顺利获取商业银行贷款，有可能会通过提供虚假财务信息或者隐藏不良信用记录等方式来应对银行的贷款审查环节，并且银行也无法分辨企业投资项目的真实风险。这便会导致高风险的劣质企业有可能成功得到贷款，而低风险的优质企业则可能被排斥在外。

当面对贷款的超额需求时，银行并不会提高利率，以避免可能产生的逆向选择问题。因为出高价的借款人选择高风险项目的概率可能会提高，从而增加银行的贷款风险。因此，银行并不会选择竞争性均衡利率，而是选择一个低于均衡利率的水平，对贷款申请者实行信贷配给，以使银行实现预期收益最大化。那些在配给中得不到贷款的申请人即使愿意出更高的利率，银行也不会给予其贷款。

在信息完全对称条件下，商业银行的预期收益与贷款利率是单调递增的关系，但是在信息不对称条件下，商业银行的预期收益分布曲线会发生转向，呈现"先增后减"的抛物线态势。

在信息不对称下，最优贷款利率并非是信贷市场的瓦尔拉斯均衡利率，因而会导致信贷市场的供需缺口。为更清楚地揭示商业银行的信贷配置，我们可以用如下的图形来说明。

图 5－1 中，$S_0(i)$是信息完全对称时商业银行的信贷供给曲线，呈现单调递增趋势；$S_1(i)$是信息不对称时商业银行的信贷供给曲线，呈现"先增后减"的抛物线态势；$D(i)$为信贷需求曲线。

$D(i)$与 $S_0(i)$的交点为 $Q$，$Q$ 点对应的是利率 $i_0^*$，即为信息完全对

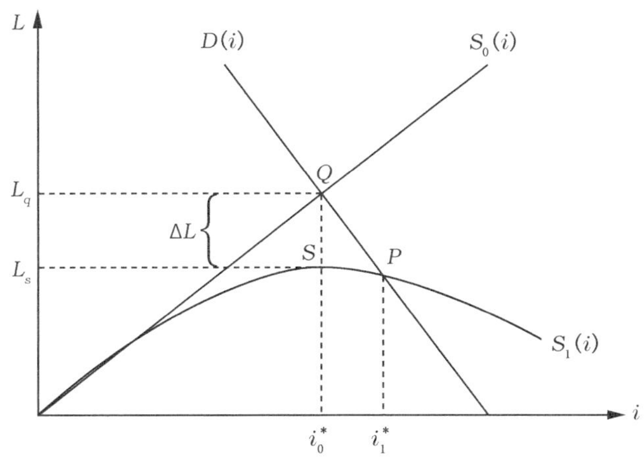


**图 5—1　商业银行信贷配置**

称时的均衡利率水平；$L_q$ 为均衡信贷量，此时 $D(i_0^*)=S_0(i_0^*)$，信贷资金市场实现市场出清，不会发生信贷配给。

而在信息不完全时，$S_1(i)$与 $D(i)$的交点为 $P$，此时瓦尔拉斯均衡利率为 $i_i^*$，但是银行为了实现利润最大化，并不会在利率为 $i_1^*$ 的水平下放贷，银行还是在 $i_0^*$ 的利率水平下放贷，此时商业银行的市场化放贷规模是 $L_s$，但市场需求仍然是 $L_q$，信贷资金供需存在缺口 $\Delta L$，信贷资金供需处在失衡状态，有规模为 $\Delta L$ 的资金需求无法得到满足。商业银行滞留了规模为 $\Delta L$ 的信贷资金，这部分信贷资金无法通过市场化机制配置，只能采用非市场方式进行配置，导致一些优质企业的信贷需求无法得到满足，而一些效率不高的企业却占用大量信贷资金。

当央行调整货币政策时，首先可以通过可贷资金规模效应影响银行信贷的产业配置。中央银行可以通过货币政策工具的运用改变商业银行的准备金规模，例如当央行上调法定存款准备金率时，银行需要留存更多的资金作为准备金，因而可用于贷款的资金数量下降，这便引起银行信贷供给的减少。相反，当央行降低法定存款准备金率时，银行需要留存的准备金减少，因而信贷供给增加。货币政策调整使得商业银行提供贷款的能力受到影响，银行贷款供给规模的增加或减少，会进一步造成商业银行在产业间的信贷配置发生变化。

如图 5—2 所示，扩张性货币政策使得商业银行的贷款供给曲线向上移。完全信息情况下贷款供给曲线为 $S'_0(i)$，不完全信息情况下贷款供给曲线为 $S'_1(i)$。假设贷款需求曲线仍然为 $D(i)$，此时，在信息不完全的情况下，商业银行将在利率 $i'^*_0$ 水平下提供贷款，贷款规模为 $L'_s$，而在信息完全的情况下，商业银行提供的贷款规模为 $L'_q$，此时 $L'_s>L_s$，即扩张性货币政策使得商业银行提供的贷款规模增大了，更多的企业得到了贷款，但是此时 $L'_q$ 与 $L'_s$ 之间依然存在着 $\Delta L'=L'_q-L'_s$ 的供需缺口，即仍然有一部分的信贷资金无法通过市场方式出清。若实行紧缩的货币政策，商业银行的信贷供给曲线会下移，商业银行提供的贷款规模会缩小。

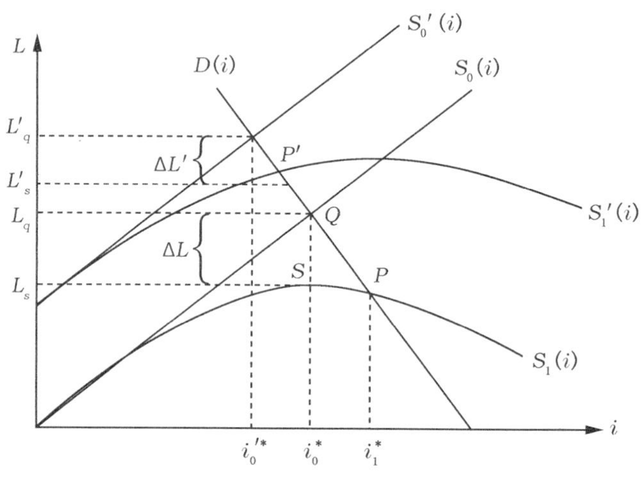


**图 5—2 货币政策与商业银行信贷配置**

由以上分析我们可以看到，在信息不对称条件下，在银行基于利润最大化的设定利率下，商业银行的信贷供给规模与市场的信贷需求之间存在缺口，因而存在信贷配给。商业银行会综合考虑借款企业的规模、可抵押资产、风险特征等因素，来决定是否给予企业贷款以及贷款的额度和利率。

各产业内部企业在规模、有形资产比重、盈利能力与风险特征等方面均存在较大差异，这便会形成银行在产业间的信贷配置偏好不同。银行与中小企业间的信息不对称程度大于规模较大的企业，规模较大的企业往往知名度较高，财务信息及其他信息披露均较为规范，银行可以收集到这些企业的信息以决定是否给其贷款，而银行在收集小企业信息方面的成本则要大一些。一些产业内的企业规模往往较大，例如重工业、交通运输业等，而另一些产业诸如餐饮业、商务服务业等的企业规模则较小。

抵押品业在银行的信贷配给中发挥了重要作用，抵押品不仅可以减少借款企业发生违约时银行所承担的损失，而且可以充当银行对项目风险类型进行评估的甄别机制，即银行可以通过观察企业对抵押品数量变动的敏感程度来分离高风险和低风险的贷款项目。资产雄厚的大企业可以通过提供足额的抵押品从银行获得贷款；相反，中小企业由于自身资产较少、抵押品不足，无法有效地显示自己的信用品质，一些中小企业即使是优质的低风险企业也无法获得足够的银行贷款。

不同的产业由于产业属性不同，有形资产的比重也不相同，制造业的有形资产比重通常较高，而服务业的有形资产比重通常较低，有形资产比重的高低与能否提供银行贷款所需的抵押品直接相关。

此外，不同产业的风险特征也是有差异的，处于成熟阶段的产业，企业经营较为稳定，风险相对可控，相反，尚处于产业发展初期的新兴产业，虽然企业有着快速发展的潜力，但却面临着较大的项目投资风险。由于不同产业的特征迥异，银行会综合考虑产业内企业在规模、盈利状况、抵押品与风险特征等方面的因素来决定其在产业间的信贷配置。

货币政策除了可以通过可贷资金规模效应来改变银行信贷的产业配置外，还可以通过企业资产负债表效应来使银行信贷在产业间的配置发生变化。当央行实施紧缩性货币政策时，会通过抑制总需求进而影响企业营业收入并形成融资缺口，从而恶化企业的财务状况，与此同时，借款主体所持有的资产价格也会下跌，抵押品价值下降，资产负债表质量恶化。

不同产业的资产负债状况受货币政策影响程度是不同的。有些产业的财务状况受货币政策冲击较大，相反也存在一些产业其资产负债状况受货币政策影响较小。货币政策调整后，银行会将信贷资金更多地配置到财务状况较好、抵押品价值较高的产业上，从而改变其信贷的产业配置。由此可见，资产负债表效应是货币政策影响产业所获得信贷规模的重要机理之一。

现实中存在一些企业，这些企业难以通过资本市场或者其他渠道获得资金，对银行贷款较为依赖，特别是在资本市场不发达的发展中国家，企业融资渠道较少，对银行贷款更为依赖。因此，银行在产业间的信贷配置对于产业发展的影响深远。

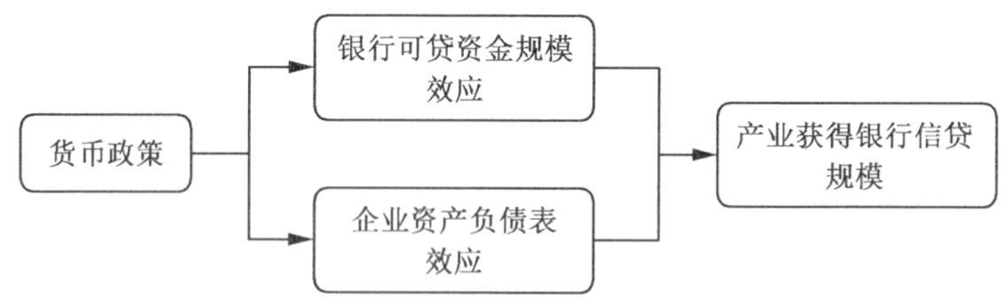


**图 5—3　货币政策对产业所获得银行信贷规模的影响**

通过以上分析可以看出，货币政策调整会通过银行可贷资金规模效应和企业资产负债表效应改变商业银行的信贷资金产业配置行为，而货币政策作用下信贷资金能否流向具有竞争力和价值创造能力的行业，对于产业发展和结构调整具有重大影响。

## 5.2　我国货币政策与产业债务融资现实分析

企业融资来源可以分为内源性融资和外源性融资。内源性融资是指企业利用自身留存收益为项目进行融资，外源性融资则分为债务融资和股权融资两大类。目前，债务融资仍然是我国企业外部融资最重要的来源，尽管近年来企业的各种债务融资方式都得到了发展，但银行贷款仍然是我国企业债务融资的最重要来源。

### 5.2.1　我国企业债务融资规模与构成

企业债务融资方式主要包括银行借款、债券融资、商业信用等。但与银行借款相比,债券融资和商业信用在我国企业债务融资中所占比例很小,银行借款占绝对比例。虽然近年来我国的债券融资、信托融资等有了较快发展,但这其中以企业为主体的融资额所占比重仍然较小。

表5—1反映了我国上市公司2002年以来主要债务融资构成情况,从中可以看到短期借款和长期借款仍然是我国企业债务融资的主要来源,2002年短期借款和长期借款两者之和在上市公司主要债务融资中占据了87.97%。此后随着债券融资等其他债务融资方式的发展,这一比例逐渐降低,但直到2009年之前这一比例都保持在80%以上。

目前,债券融资在我国企业债务融资中所占比重仍然较小,2002年在上市公司中这一比重只有0.72%,此后虽然企业的债券融资规模有所扩大,但直至2008年,上市公司中债券融资也只占债务融资额的约6.98%,2009年债券在企业债务融资中有了较大提高,达到11.31%,2012年又进一步提升至16.43%。

**表5—1**　**上市公司主要债务融资方式构成情况**　单位:亿元

| 年份 | 短期借款 | 长期借款 | 债券 | 应付票据 | 债券占比 | 借款占比 |
|---|---|---|---|---|---|---|
| 2002 | 3 798.89 | 3 792.26 | 62.03 | 975.63 | 0.72% | 87.97% |
| 2003 | 4 722.80 | 4 358.98 | 181.35 | 1 329.65 | 1.71% | 85.74% |
| 2004 | 6 101.39 | 5 715.43 | 359.15 | 1 598.60 | 2.61% | 85.79% |
| 2005 | 6 835.53 | 6 644.69 | 364.04 | 1 933.15 | 2.31% | 85.44% |
| 2006 | 8 160.86 | 7 559.18 | 531.14 | 2 372.97 | 2.85% | 84.41% |
| 2007 | 10 328.64 | 8 598.85 | 1 230.09 | 2 562.22 | 5.41% | 83.31% |
| 2008 | 14 207.59 | 11 252.23 | 2 165.03 | 3 382.21 | 6.98% | 82.11% |
| 2009 | 14 392.23 | 15 009.41 | 4 338.46 | 4 614.98 | 11.31% | 76.66% |

续表

| 年份 | 短期借款 | 长期借款 | 债券 | 应付票据 | 债券占比 | 借款占比 |
|---|---|---|---|---|---|---|
| 2010 | 17 227.36 | 17 133.18 | 5 964.74 | 5 301.11 | 13.07% | 75.31% |
| 2011 | 21 876.69 | 19 973.73 | 7 637.70 | 6 180.45 | 13.72% | 75.18% |
| 2012 | 25 243.81 | 21 888.61 | 10 662.82 | 7 115.32 | 16.43% | 72.61% |

资料来源:WIND数据库。

图5—4显示了2002年至2012年我国上市公司主要债务融资方式平均构成,短期借款在债务融资中平均占比约41%,长期借款平均占比约37%,两者之和占据了78%,而债券融资平均只占据了10%,应付票据则平均占据了11%。由此可见,即使是在上市公司这样公司规模平均比较大的群体中,银行借款也是其主要债务融资来源,因而对于中小企业而言,银行贷款更是其首要融资来源。

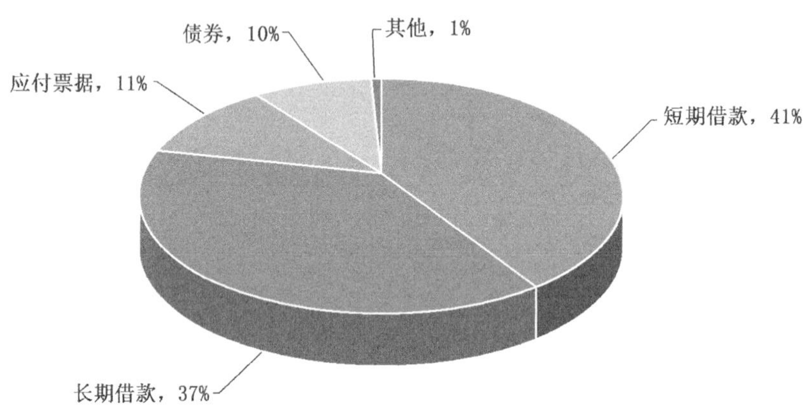


数据来源:万德资讯。

**图5—4 上市公司主要债务融资方式平均构成**

近年来,我国信托融资发展迅速,但其中工商企业的信托融资所占比重并不很大。截至2013年12月,我国各类信托融资总余额为10.31万亿元,其中工商企业信托余额为2.90万亿元,占总量的28%;排在其后的是基础产业,信托余额为2.60万亿元人民币,占据了25%。金融机构和证券市场的信托资产余额占比则分别为 12%和 10%,此外,房地产业的信托资产余额为 1.03 万亿元人民币,占据 10%的比重。

我们可以看到,在信托融资分布中,工商企业所占比重并不是太高,大量的信托融资流向了基础产业、金融机构、证券市场和房地产业,这说明在工商企业的债务融资中,信托融资所占比重并不高。

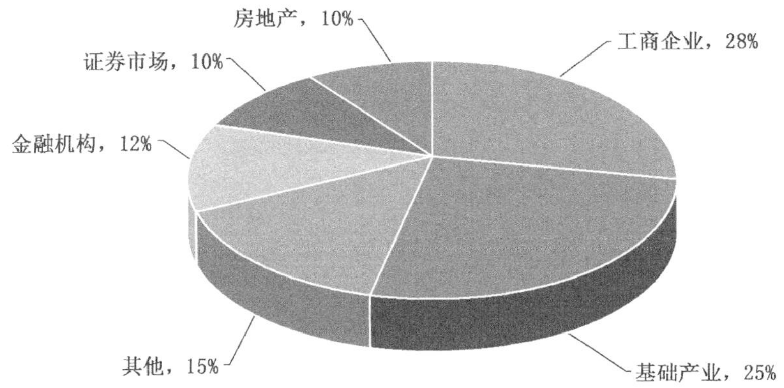


数据来源:万德资讯。

**图 5—5　我国信托融资分布**

### 5.2.2　我国货币政策与产业债务融资

如上文所述,我国产业债务融资的主要来源仍然是银行贷款,因而货币政策对产业债务融资规模的影响首先表现在货币政策对产业所获得贷款规模的影响上。

(1)我国商业银行制度环境与信贷配置

货币政策对商业银行信贷配置的影响,与商业银行所面临的制度环境密切相关。我国当前处于经济转轨时期,商业银行面临着较为复杂的制度环境。政府干预与市场调节这两种不同的资源配置手段,其力量对比对银行的信贷配置产生了重要影响。一方面,银行业改革的逐步深入使得我国商业银行渐渐基于商业化标准更合理地配置信贷;但另一方面,我国经济市场化进程仍未完成，政府对金融体系依然保持着主导地位，其在资源配置中仍扮演着重要角色。

为适应经济金融体制改革的需要，中国对国有商业银行进行了一系列的变革。中国的银行业改革主要包括五个方面的措施，即将政策性贷款的任务转交给三大政策性银行、将商业银行不良贷款剥离给新成立的资产管理公司、改革银行内部管理体制、引入战略投资者以及公开上市。这些改革的主要目标是促使国有商业银行的经营模式向商业化发展。

经过多年的改革与发展，银行的商业化特征和经营活动的自主性有所增强，逐步向自负盈亏、进行风险收益权衡、追求利润最大化的企业转变。银行开始更多地以商业性标准发放贷款，更多地将贷款发放给财务状况良好和公司治理较为完善的公司，特别是对非国有企业（Firth 等，2009）。

然而，在中国银行体系中，四大国有商业银行仍然占据主导地位，银行体系难以避免政府的行政干预，并且缺少竞争可能会导致银行更高的服务佣金与更低的融资效率。因此，银行基于经济效率原则配置信贷资金的市场化行为被弱化了。

企业产权性质仍然是影响银行信贷分配的重要因素（Brandt 和 Li，2003；方军雄，2007；陆正飞等，2009），国有企业往往能够获得更多的信贷额度以及更多的优惠，非国有企业获得银行信贷的难度相对更大并且成本更高。一些文献认为中国商业银行在信贷配置方面存在着所有制歧视，但白俊和连立帅（2012）却认为银行在国有企业与非国有企业间信贷资金配置差异主要源于两者的禀赋差异而非所有制歧视。国有企业的禀赋往往优于非国有企业，国有企业的资产规模、债务担保能力、信息透明度或是银企合作时间通常优于非国有企业，因而导致了银行对国有与非国有企业信贷配置的差别。孙亮和柳建华（2011）的研究发现，银行业改革成功促进了银行信贷资源配置的商业化，银行在配置信贷资源时，较关注贷款企业的财务状况和代理成本，银行会综合考虑企业的经营风险、盈利能力、发展前景等方面的因素，决定是否发放贷款给企业以及发放的额度。

各个产业以及产业内部不同的行业其产业属性和企业特征具有较大差别,各产业内企业在规模、可抵押资产、利润率、经营风险和产权性质等诸多方面存在着显著差异,这便会造成银行对各个产业或行业信贷资金配置的不同。

(2)货币政策与商业银行信贷产业配置

自 1998 年我国央行取消贷款规模控制后,我国对信贷量的调控逐步转变为以间接手段为主的市场化管理。虽然发达国家已基本上不将存款准备金率作为货币政策工具,但我国央行却一直将法定存款准备金率作为货币政策的重要工具之一,经常频繁、大幅度地对其进行调整,尤其是 2007—2011 年调整得更是密集。

1998 年 5 月 26 日,中国人民银行恢复了以国债回购为主要形式的公开市场操作,自此公开市场操作成为日常货币管理的重要工具,也是货币当局注入流动性的主要力量之一。但我国的公开市场操作主要是央行针对基础货币的调控工具,对银行可贷资金的影响仍然有限。孙永辉等(2012)认为,货币政策工具中对银行贷款影响最大的是存款准备金率,而公开市场操作对商业银行贷款规模的影响较小。

除了法定准备金率、公开市场操作这类数量型货币政策工具外,利率工具也可以通过影响银行信贷的供求变化,从而调节银行信贷的规模。盛天翔和范从来(2012)认为,目前就平均效用而言,法定存款准备金率工具调控信贷量比利率工具更加有效,从动态变化来看,未来公开市场业务或许会成为央行调控信贷供给最重要的工具,准备金工具的效果也会增强,但利率工具调控信贷量的作用仍然有限。

由于各个行业的特征存在着较大差异,因而货币政策的变动会使得各行业所获得的贷款发生较大变化。货币政策会从总量上改变银行的可贷资金规模,并且可对不同行业的借款主体形成资产负债表效应,从而改变银行信贷资金在不同行业之间的配置。

我国特殊的企业与金融制度使得商业银行无法完全按照商业标准进行信贷产业配置,信贷流向往往与政策意图不符。在信贷总量扩张的同时,信贷资金的行业流向经常严重失衡。在一些年份,信贷资金往往更多地流向了房地产领域和基础设施建设,而一些新兴产业由于中小企业占了较大比重却融资困难。

## 5.3 货币政策与银行信贷产业间配置实证分析

中央银行货币政策的变动会影响到商业银行可贷资金的规模,并且货币政策的变动也会影响到各产业的财务状况,因而商业银行在各个产业间的贷款配置会发生变化,从而会对产业发展形成结构性影响。

本节的实证研究将从两个方面来展开:首先我们将就货币政策是如何改变产业所获的银行信贷规模进行实证研究,继而我们将就产业所获银行信贷规模变化对其产出增长的影响进行实证研究。通过这两个环节,我们可以考察货币政策是否通过产业所获得的银行信贷规模对产业形成了结构性影响。

### 5.3.1 货币政策影响银行信贷产业间配置的实证分析

我国存款准备金率的改变是银行信贷供给变化的重要来源,当存款准备金率发生变动时,各商业银行可以向企业提供的可贷资金规模会发生变化。而利率则在调节贷款需求的同时,也会影响银行信贷供给的积极性。随着利率市场化的发展,我国利率影响商业银行信贷配置的基础也正在逐渐增强。

各个产业对银行贷款的依赖程度、盈利状况等方面有所不同,因而当货币政策变化时,其贷款额度受影响程度也会不同。下面我们将分别考察存款准备金率和利率对各产业贷款规模的影响。

#### 5.3.1.1 实证模型选择

我们对第一、第二和第三产业分别建立一个面板数据模型,利用该产业内上市公司的数据来检验货币政策对产业所获银行信贷的影响。我们建立如下的固定效应面板数据模型:

$$Loan_t^{i,j}=C_i+\alpha_{1,i}MPI_t+\alpha_{2,i}TGA_t^{i,j}+\alpha_{3,i}Cash_t^{i,j}+\alpha_{4,i}Debtra_t^{i,j}+\alpha_{5,i}ROA_t^{i,j}+\alpha_{6,i}Opcash_t^{i,j}+\alpha_{7,i}Asset_t^{i,j}+\beta_i tq_t+\varepsilon_{i,t} \tag{5—1}$$

实证方程(5—1)中,下标 $t$ 表示时间,$j$ 表示产业,$i$ 表示 $j$ 产业内的企业,$C_i$ 是常数项,$\varepsilon_{i,t}$ 为随机误差,$MPI_t$ 为货币政策变量,$tq_t$ 为时间虚拟变量,$TGA_t^{i,j}$、$Cash_t^{i,j}$、$Debtra_t^{i,j}$、$ROA_t^{i,j}$、$Opcash_t^{i,j}$、$Asset_t^{i,j}$ 为控制变量。

#### 5.3.1.2　变量选择

(1)银行信贷($Loan_t^{i,j}$)

参考刘飞(2013)的做法,我们用企业的长期借款和短期借款来反映企业银行贷款规模;为了体现银行贷款规模的变动趋势,我们用企业长期借款和短期借款的季度余额同比来衡量,并取对数。

(2)货币政策变量($MPI_t$)

我们这里分别选用存款准备金率($RR$)和利率($Rate$)。

存款准备金率($RR$):我们选取央行公布的法定存款准备金率,并取对数。如果季度内法定准备金率发生调整,则按季度每档准备金率的持续时间占比,计算出该季度加权平均法定准备金率。由于企业贷款受存款准备金率变动影响具有一定的滞后,因而我们选取的存款准备金率领先于企业当期贷款两个季度。

利率($Rate$):我们选取银行间 7 天同业拆借利率的季度加权平均值来衡量贷款利率的实际水平,并取对数。由于贷款利率上限的取消使得商业银行能够根据企业的特征进行差别化定价,各家银行可以根据自身的经营策略、货币资金的市场供求状况以及客户信誉及偿债能力等因素,针对不同企业采取不同的利率。因此,基准利率往往不能真实反映企业从银行获得的贷款利率,而银行间同业拆借利率则更接近企业贷款的利率,所以我们这里选取银行间同业拆借利率来衡量货币政策对各产业贷款的影响。

(3)控制变量

企业可抵押资产(*TGA*):我们用企业有形资产比例来衡量。企业的可抵押资产越多,银行给予其贷款时承担的风险便越小,从而企业越有可能获得贷款。

现金比率(*Cash*):用(货币资金+交易性金融资产+应收票据)/流动负债来衡量。

资产负债率(*Debtra*):即负债总额/资产总额。资产负债率越高的企业其违约风险往往也越高,因而银行给予其贷款时会谨慎考虑,但同时较高的资产负债率往往也意味着企业拥有较好的从银行获得贷款的能力,因而资产负债率对于贷款的影响是不确定的。

盈利能力(*ROA*):较好的盈利能力有助于企业从银行获得贷款,从而企业有可能会获得较多的银行贷款,但同时较好的盈利能力预示着较丰富的内源性资金,企业对银行贷款的需求可能会下降。

经营活动现金流(*Opcash*):企业的资金来源可以分为内源性融资与外源性融资,经营活动现金流越大的企业,其对银行贷款的依赖性越小,因而其对企业银行贷款的需求影响是负向的,从而对企业最终获得贷款的影响是负向的。

企业规模(*Asset*):我们用企业的总资产来表示。企业规模越大,银行与其之间信息不对称程度越小,且越能够提供贷款所需的抵押物,因而较大的企业规模有助于企业从银行获得贷款。

时间虚拟变量(*tq*):由于2008年发生次贷危机,并且我国出台了四万亿元的刺激政策,对各产业具有很大影响,考虑到次贷危机和刺激政策的因素,我们设置了时间虚拟变量。当时间为2008年第四季度至2010年第一季度时,时间虚拟变量为1;当处于其他时间段时,该虚拟变量取值为0。

我们选取的时间区间依然为2003年第一季度至2013年第二季度,并且剔除了ST类上市公司和明显偏离行业内部平均值的异常公司的数据,并且剔除了金融行业公司,为保证样本总数尽可能地大,本书使用非平衡面板数据模型来进行分析，本书样本共包括 1 722 家上市公司，所有原始数据均来自万德。

#### 5.3.1.3 实证分析

(1)货币政策对第一、第二和第三产业银行贷款规模的影响

根据模型 5—1，我们分别对第一、第二和第三产业建立固定效应非平衡面板模型进行估计，回归的结果如表 5—2 所示。

**表 5—2　　货币政策对第一、第二和第三产业银行贷款规模的影响**

| | 存款准备金率对银行贷款规模的影响 | | | 利率对银行贷款规模的影响 | | |
|---|---|---|---|---|---|---|
| | 第一产业 | 第二产业 | 第三产业 | 第一产业 | 第二产业 | 第三产业 |
| 常数项 | −6.324***<br>(0.000) | −4.506***<br>(0.000) | −2.798***<br>(0.000) | −1.983<br>(0.857) | −4.253**<br>(0.012) | −6.556**<br>(0.024) |
| 货币政策变量 | | | | | | |
| *RR* | −0.125<br>(0.353) | −0.419***<br>(0.000) | −0.330***<br>(0.000) | | | |
| *Rate* | | | | −0.070 4<br>(0.142) | 0.015 8<br>(0.303) | −0.063 3*<br>(0.067) |
| 控制变量 | | | | | | |
| *TGA* | 0.483**<br>(0.03) | 0.214***<br>(0.000) | 0.060 9*<br>(0.067) | 0.479***<br>(0.000) | 0.206***<br>(0.000) | 0.069 3**<br>(0.026) |
| *Cash* | 0.080 4<br>(0.279) | 0.092 7***<br>(0.000) | 0.073 9**<br>(0.047) | 0.049 5<br>(0.396) | 0.105***<br>(0.000) | 0.073 4**<br>(0.016) |
| *Debtra* | 1.243***<br>(0.000) | 0.945***<br>(0.000) | 0.627***<br>(0.000) | 1.191***<br>(0.000) | 0.934***<br>(0.000) | 0.637***<br>(0.000) |
| *ROA* | −0.003 58<br>(0.922) | 0.017 2**<br>(0.033) | 0.010 4<br>(0.402) | −0.914<br>(0.705) | −0.092 8<br>(0.800) | 0.744<br>(0.232) |
| *Opcash* | −0.027 2<br>(0.268) | −0.044 5***<br>(0.000) | −0.033 7***<br>(0.001) | −0.035 5<br>(0.138) | −0.043 0***<br>(0.000) | −0.028 6***<br>(0.002) |
| *Asset* | 0.049 2<br>(0.733) | 0.258***<br>(0.000) | 0.216***<br>(0.000) | 0.014 3<br>(0.907) | 0.032 2<br>(0.170) | 0.070 4**<br>(0.045) |
| *tq* | −0.002 08<br>(0.983) | 0.032 6<br>(0.146) | 0.097 4**<br>(0.038) | −0.020 5<br>(0.855) | −0.066 8***<br>(0.000) | −0.023 2<br>(0.574) |

①存款准备金率对产业银行贷款规模的影响。

从表 5—2 中可以看到，存款准备金率对第二和第三产业的贷款有着显著的负向影响，而对第一产业的贷款影响不显著。因此，存款准备金率

的变动会导致二、三产业的银行信贷规模的反向变动，并且存款准备金率对第二产业贷款的影响大于第三产业。即当中央银行降低存款准备金率时，第二产业贷款增速要大于第三产业，即信贷资金流向第二产业的速度加快。而当中央银行提高存款准备金率时，第二产业贷款减少幅度也相应大于第三产业，即存款准备金率的提高使得商业银行的可贷资金变少，此时第二产业的贷款减少幅度大于第三产业。

我们还可以看到，三个产业中企业可抵押资产对贷款的影响都是显著的，这说明企业可抵押资产对于企业能否获得银行贷款具有很重要的作用。我国商业银行在进行信贷配置时，比较看重企业的抵押能力。现金比率对第二和第三产业都有显著的正向影响。资产负债率对三个产业的影响都是显著的，并且是正向影响。这说明在我国，资产负债率高的企业往往是负债能力高的企业。只有第二产业的盈利能力对贷款增速影响是显著的，也就是说，第二产业的高盈利能力有助于企业获得更多的贷款，而第一和第三产业的贷款规模对产业的盈利能力不敏感，这可能是由于我国商业银行的产业信贷配置未能够根据第一和第三产业的盈利能力做出相应调整，也可能是由于第一和第三产业中的企业在盈利能力增强时倾向于进行内源性融资。第二和第三产业内企业经营性现金流的增加对企业贷款的影响都是负向的，即企业经营性现金流充足时，企业倾向于运用内源性资金来进行融资，而减少对贷款的需求。企业规模对第二、第三产业贷款规模变动都有显著的正向影响，即规模大的企业更容易获得银行贷款。

②利率对产业银行贷款规模的影响。

在调节银行信贷方面，存款准备金率工具更加侧重于调节商业银行的可贷资金，而利率属于价格型工具，更倾向于调节贷款需求，同时也会刺激银行信贷供给的积极性。

近些年，我国利率市场化已经取得了明显进展，自 2004 年 11 月放开贷款上限管制以来，我国商业银行已经取得了对企业贷款自主定价的权利，企业和银行运营的激励机制、货币政策实施的微观基础和市场环境也发生了变化。贷款利率上限的取消使得商业银行能够根据企业的特征进行差别化定价。2012 年 6 月我国又将企业贷款利率浮动下限由基准利率的 0.9 倍放宽至 0.7 倍,2013 年 7 月则全面放开了金融机构贷款利率管制。

在这样的制度背景下,利率对商业银行在产业间的信贷配置行为有何影响呢?我们分别来考察利率对第一、第二和第三产业所获的银行贷款规模的影响。表 5－2 显示,利率对第三产业的贷款影响是显著的,提高利率使得第三产业信贷融资增速下降,而降低利率使得第三产业信贷融资增速上升。但是,利率对第一和第二产业的贷款增速影响均不显著,这说明第一和第二产业对信贷融资的价格均不敏感。

实证结果表明,服务业贷款规模增长对利率变化是敏感的,这可能是由于利率市场化允许银行对企业的风险及成本进行合理定价,而服务业中的企业规模往往小于制造业企业,并且服务业企业的有形资产比重较小,因而银行给予其的贷款利率往往高于制造业企业,利率变化对服务业企业贷款成本的影响较大,因而服务业企业贷款需求对利率便较为敏感。

而第二产业中的企业往往规模较大或者可抵押资产比较充足,其往往能够从银行获得较优惠的贷款利率,且第二产业中往往国有企业比较多,其在获得信贷资源方面具有优势,另外,由于制度原因导致其贷款规模对利率不敏感。

通过比较存款准备金率和利率对于产业所获的贷款规模的影响,我们可以看到各产业所获得的银行贷款规模对存款准备金率的反应比对利率更敏感。这一方面是由于我国企业普遍存在着融资约束,企业对信贷的需求很大,因而企业贷款受银行可贷资金规模影响很大;另一方面是由于我国利率市场化进程仍没有完成,从而使得利率对于调节信贷供给和需求的作用有限。虽然中国的利率市场化已经取得长足进展,但是 2003 年以来仍存在着“贷款利率管下限、存款利率管上限”的规定,直至 2013 年才全面放开金融机构贷款管制利率,而存款利率上限管制依然存在,因此在这种背景下,信贷的供给与需求对利率没有足够的敏感性。

(2)货币政策对第二和第三产业内部行业银行贷款规模的影响

仍然沿用上文实证模型，我们来考察货币政策对第二和第三产业内行业所获的银行贷款规模的影响，由于上文的实证分析表明利率对产业所获得的银行贷款规模影响有限，我们在此仅考察存款准备金率对二、三产业内行业银行贷款规模的影响，实证结果如表5—3所示。

**表5—3　　存款准备金率对产业内部行业银行贷款规模的影响**

| | 第二产业 | | | 第三产业 | |
|---|---|---|---|---|---|
| | 劳动密集型行业 | 资本密集型行业 | 技术密集型行业 | 生产性服务业 | 消费性服务业 |
| 常数项 | −4.077*** | −4.151*** | −4.972*** | −2.225*** | −2.930*** |
| | (0.000) | (0.000) | (0.000) | (0.000) | (0.000) |
| 货币政策变量 | | | | | |
| *RR* | −0.386*** | −0.510*** | −0.362*** | −0.289*** | −0.348*** |
| | (0.000) | (0.000) | (0.000) | (0.000) | (0.000) |
| 控制变量 | | | | | |
| *TGA* | 0.164*** | 0.194*** | 0.234*** | 0.044 6 | 0.037 1 |
| | (0.000) | (0.000) | (0.000) | (0.364) | (0.310) |
| *Asset* | 0.224*** | 0.246*** | 0.310*** | 0.172*** | 0.244*** |
| | (0.000) | (0.000) | (0.000) | (0.008) | (0.000) |
| *Debtra* | 0.955*** | 0.884*** | 0.997*** | 0.566*** | 0.708*** |
| | (0.000) | (0.000) | (0.000) | (0.000) | (0.000) |
| *ROA* | 0.014 3 | 0.033 4*** | −0.006 09 | 0.014 5 | −0.013 1 |
| | (0.207) | (0.000) | (0.608) | (0.560) | (0.422) |
| *Opcash* | −0.054 6*** | −0.048 4*** | −0.033 7*** | −0.015 4 | −0.033 2** |
| | (0.000) | (0.000) | (0.000) | (0.441) | (0.014) |
| *Cash* | 0.038 0* | 0.103*** | 0.113*** | 0.023 6 | 0.065 3* |
| | (0.083) | (0.000) | (0.000) | (0.500) | (0.061) |
| *tq* | −0.006 44 | 0.072 4*** | 0.040 6 | 0.160*** | −0.031 0 |
| | (0.822) | (0.004) | (0.168) | (0.003) | (0.499) |

从表5—3中可以看到，存款准备金率对第二产业内劳动、资本和技术密集型行业贷款的影响都是显著的，并且是负向的。因此，存款准备金率的变动能够使得第二产业内不同要素密集程度的行业贷款规模都发生显著变动，其中资本密集型行业受存款准备金率的影响最大，其次是劳动密集

型行业,贷款受存款准备金率影响最小的是技术密集型行业。表5—3还显示,第三产业中生产性和消费性服务业的贷款都受到存款准备金率显著的负向影响,但是消费性服务业的贷款变动受存款准备金率影响更大。

实证结果意味着存款准备金率的调整对资本密集型行业贷款规模的影响最大,而对技术密集型行业和生产性服务业的贷款规模影响相对较小。因此,当降低存款准备金率时,资本密集型行业的贷款规模增幅最大,而技术密集型和生产性服务业的贷款规模增幅相对较小;相应地,当提高存款准备金率时,贷款规模减少最多的也是资本密集型行业,而技术密集型和生产性服务业贷款规模减少幅度相对较小。

导致这样的实证结果的一方面原因是各行业对资金的需求以及对银行贷款的依赖程度不同。资本密集型行业对资金的需求较大,且对银行信贷较为依赖,因而货币政策变化引起的银行可贷资金的变化对其获得的贷款规模变化影响较大;而技术密集型行业中属于新兴产业的企业较多,其融资方式更加多元化,除了从银行贷款外,这些企业还可以通过资本市场或者其他途径来获得融资,其对银行贷款的依赖性比资本密集型和劳动密集型行业要小一些,因而货币政策的变化对技术密集型行业银行贷款影响程度相对要小一些。

与第二产业中技术密集型行业类似,生产性服务业往往技术含量比较高,新兴行业比较多,且中小企业和民营企业比重较高,这类企业往往通过资本市场或风险投资获得资金,因而生产性服务业中企业的融资方式往往也较多元化,其对银行贷款的依赖性小于消费性服务业。因此,货币政策对生产性服务业贷款的影响小于消费性服务业。当央行提高存款准备金率时,消费性服务业贷款的减少幅度大于生产性服务业;当央行降低存款准备金率时,消费性服务业贷款的增加幅度大于生产性服务业。

导致这样的实证结果的另一方面原因与央行货币政策的逆周期性及各行业的经营状况有关。从我国现实情况来看,当实行宽松的货币政策时,各产业获得的信贷规模有可能扩大,但是此时新兴产业获得的信贷规模增速相对于其他产业来说未必占优势。

央行往往实行逆周期的货币政策，当央行实行宽松的货币政策时，假如宏观经济正处于衰退阶段，此时企业的经营环境恶化，由于信息不对称，信贷市场上“逆向选择”效应增强。在这种情况下，商业银行为规避风险、维持稳定的资产收益率，很可能会更多地将信贷投向风险小的行业，例如，企业规模较大、有形资产比例较高、发展较成熟的资本密集型行业。而技术密集型行业和生产性服务业有许多企业处于产业发展的初期阶段，企业规模较小且有形资产比重较小，此时银行对这些行业的贷款供给增加相对于其他行业来说可能会小些。

而当央行实行紧缩的货币政策时，银行可贷资金规模缩小，各产业所获的贷款规模可能也会随之变小。但假若经济正处于繁荣阶段，此时企业经营环境改善，与此同时资产价格的上升增加了企业的抵押品价值，此时商业银行对新兴产业和中小企业的贷款积极性相对会增加，银行可能愿意将信贷投向一些发展不太成熟但是利润较高且发展前景较好的行业，因而此时技术密集型和生产性服务业这类行业的贷款规模缩小相对于其他行业来说会小一些。

以上两方面的原因导致了本书实证结果的出现，存款准备金率的下降使得银行可贷资金规模扩大，第二和第三产业内各行业所获得的银行信贷规模增加，此时资本密集型行业的贷款规模增速相对于其他行业来说更大，从而可以促进资本密集型行业的投资；但此时技术密集型行业的贷款规模增速却小于劳动和资本密集型行业，生产性服务业的贷款规模增速也小于消费性服务业。相反，存款准备金率的提升导致各行业银行信贷规模减小，资本密集型行业贷款规模减少相对最多，而技术密集型和生产性服务业贷款规模减少相对较少。

### 5.3.2 银行信贷配置与产业发展实证分析

(1)模型设计和变量选择

在现有的关于银行信贷与产业发展的实证研究中，大部分文献在技术上是采用时间序列的方法，忽视了面板数据的特征。但是，企业的不同特征使得信贷对其的作用是不同的,本研究借鉴 Love 和 Zicchino(2006)、Holtz-Eakin 等(1988)的面板数据向量自回归方法(PVAR)来研究产业所获得的银行信贷规模与其产出之间的关系,本节数据来源与上节相同。

面板数据向量自回归方法(PVAR)将传统的向量自回归技术(VAR)与面板数据结合起来,因而兼具两者优势。首先,与 VAR 模型一样,PVAR 模型能够较好地处理变量间的内生性问题,并且能够通过正交化脉冲响应函数分离不同因素的影响,进行有效的动态分析。其次,PVAR 模型由于将时间序列与面板数据结合起来,因而能够解决时间序列过短所造成的回归结果不可靠的问题,还可以在模型中加入个体效应以控制不可观察的个体差异。因此,采用 PVAR 模型能够较好地研究产业所获得的银行信贷规模与其产出间的关系。

本书设定的 PVAR 模型如下:

$$Z_{i,t}=\Gamma_0+\sum_{p=1}^{n}\Gamma_p Z_{i,t-p}+f_i+\varepsilon_i$$

式中,$Z_{i,t}$ 是四维向量,可以表示为$\{Income_{i,t}, Loan_{i,t}, Opcash_{i,t}, GDP_t\}$,我们采用滞后一阶的非平衡 PVAR 模型,其中 $Income_{i,t}$ 表示企业的产出,用企业的营业收入来作为代理变量;$Loan_{i,t}$ 表示企业获得的银行贷款,用企业长期借款和短期借款之和来表示;$Opcash_{i,t}$ 表示企业经营性现金流,用来反映企业内源性融资对其产出的作用;$GDP_t$ 则用来反映宏观经济形势对企业收入的影响。对这四个变量,我们均取其同比值的对数。$\Gamma_0$ 为 PVAR 模型的常数项向量,$\Gamma_1$、$\Gamma_2$、$\Gamma_3$ 和$\Gamma_4$ 是待估计的参数矩阵,$f_i$ 表示公司个体效应,$\varepsilon_i$ 为随机扰动项。本研究使用企业银行贷款和企业经营性现金流来分别控制企业银行信贷融资和企业内源性融资对产出的影响。我们对第一、第二和第三产业以及二、三产业内行业分别建立一个 PVAR 模型来进行检验。

在进行检验之前,我们对各序列的平稳性进行检验,我们采用 LLC 检验和 IPS 检验,由于我们对变量进行了同比对数的处理,因而各序列至少在 10%的置信水平上拒绝了各检验存在单位根的零假设,表明各序列为平稳序列。

本书的估计步骤如下：首先，在面板数据上估计 VAR。在将向量自回归过程与面板数据相结合时，我们在模型中加入公司个体固定效应，以控制公司个体之间的差异，模型中 $f_i$ 即为公司个体效应。借鉴 Love(2006)的做法，我们使用 Helmert 过程来避免系数估计的偏差，由于这种转换可以保留被转换变量与滞后回归因子之间的正交性，因此可使用滞后的回归因子作为工具变量进行广义矩估计。第二步，估计脉冲响应函数。脉冲响应函数描述的是某一变量的正交化新生对系统中另一个变量冲击的反应，与此同时控制系统中其他变量固定不变。由于系统中各方程对应的误差项不可能完全非相关，若误差项存在相关，那么它们会有一个共同的组成部分，该部分不能被任何特定的变量所识别。为了解决这个问题，可以利用一个变换矩阵乘以原误差的方差协方差矩阵，从而使误差项正交。乔利斯基(Choleski)分解法即是其中一种变换方法，它设定一个具体的排序并且将系统中变量的相关部分分配给设定的第一个变量。乔利斯基分解的排列顺序意味着，排在前面的变量只会受到后面变量滞后期的影响，排在后面的变量会受到前面变量当期和滞后期的影响。

本书的变量顺序是 $Income_{i,t}$、$Loan_{i,t}$、$Opcash_{i,t}$、$GDP_t$，我们认为这样的排列顺序是合理的，因为企业收入对各类因素冲击的反应具有一定滞后期，因而其会受到贷款、经营性现金流以及宏观经济的滞后期的影响，而企业所获得的贷款与企业的经营状况相关，因而会受到企业收入当期和滞后期的影响。企业的经营性现金流则受到企业收入以及贷款当期和滞后期的影响，由于宏观经济影响到企业的现金流具有一定的时滞，因而经营性现金流只受到总产出滞后期的影响。总产出是一个相对最内生的变量，因而会受到其他变量当期和滞后期的影响。

(2)实证分析

根据上述 PVAR 模型，我们来考察各产业的产出增长对贷款规模增长冲击的响应情况，图 5－6 显示了各产业及其内部行业的产出增长对其所获得贷款规模冲击的脉冲响应，而表 5－4 显示了其脉冲响应峰值和

6 期累计响应值。

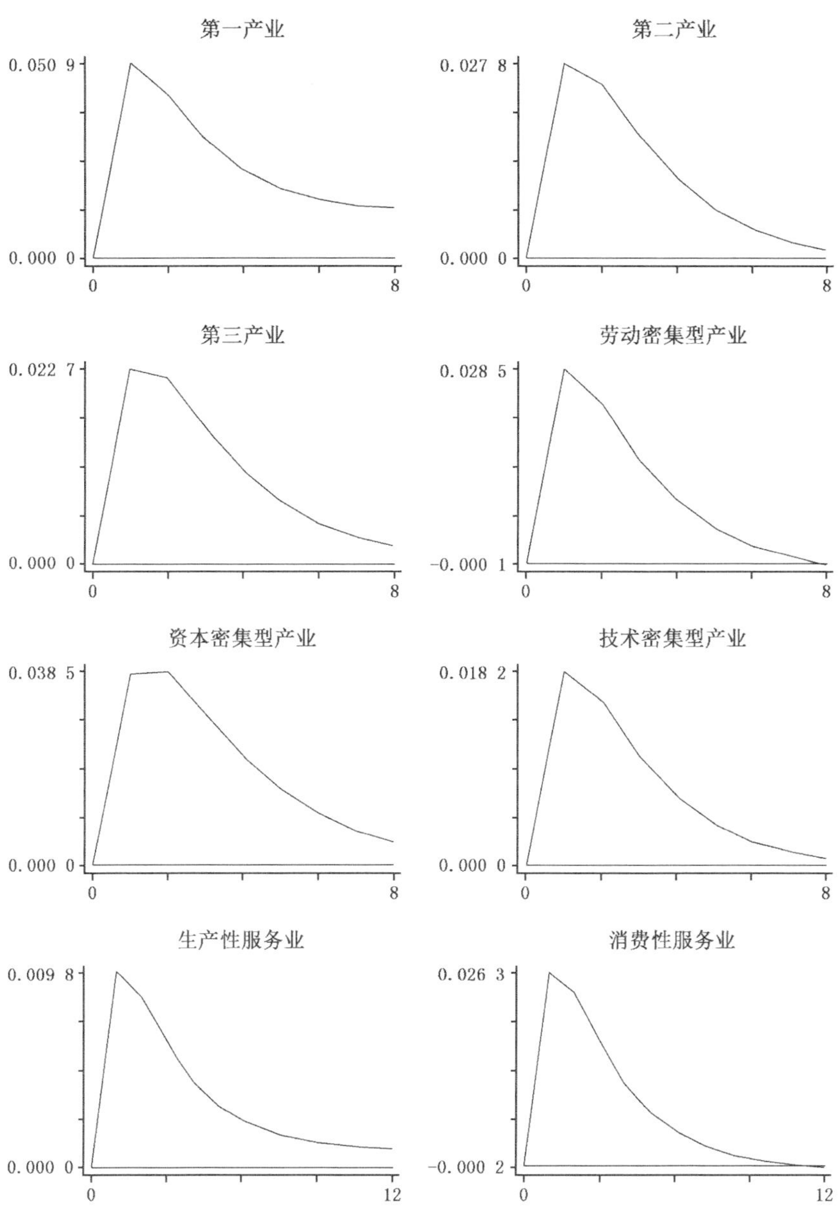


**图 5—6　各产业对贷款规模冲击的响应**

表 5—4　　各产业及其内部行业对银行信贷规模冲击的响应

| | 响应峰值 | 6 期累计响应值 |
|---|---|---|
| 第一产业 | 0.050 9 | 0.181 4 |
| 第二产业 | 0.027 8 | 0.093 1 |
| 第三产业 | 0.022 7 | 0.083 7 |
| 劳动密集型行业 | 0.028 5 | 0.084 4 |
| 资本密集型行业 | 0.038 5 | 0.154 1 |
| 技术密集型行业 | 0.018 2 | 0.056 8 |
| 生产性服务业 | 0.009 8 | 0.034 8 |
| 消费性服务业 | 0.026 3 | 0.090 0 |

从图 5—6 中可以看到，各产业及其内部行业产出增长对贷款增长冲击响应迅速，贷款增长对第一、二、三产业及其内部行业的产出增长都有着正向冲击，并在第 8 期后冲击逐渐趋近于零。因此，各产业贷款规模的增长使得其产出增长速度提高，从表 5—4 中可以看到，第一产业产出增长对贷款增长冲击的累计响应值最大，其次是第二产业，最后是第三产业。

我们接着对第二和第三产业内部行业的产出对贷款冲击响应进行考察，可以发现第二产业内资本密集型行业对贷款冲击的响应峰值和累计脉冲响应值最大，其次是劳动密集型行业，贷款对技术密集型行业的产出冲击的峰值和累计值均最小。第三产业内部则是消费性服务业的产出对贷款冲击的累计响应值大于生产性服务业。

本节面板向量自回归(PVAR)模型的实证结果表明，第一产业所获得信贷规模对其产出影响最大，其次是第二产业，受贷款促进作用最小的是第三产业。第一产业可能在企业规模、可抵押资产等方面均不占优势，因而存在着较强的银行信贷融资约束，因此第一产业银行信贷规模的增加对其的边际促进作用较大，表现出来的便是第一产业所获得银行信贷规模增长的增加对其产出增长促进较大。第二产业由于对资金需求较大，因而银行信贷规模的增加对其产出促进作用也较大。

第二产业内资本密集型行业的信贷对产出的促进作用最大,技术密集型行业最小,这是与行业资金需求特性相符合的。因为资本密集型行业资金需求量较大,表现出来的便是银行贷款规模增加对资本密集型行业作用更大。消费性服务业产出受其信贷规模影响大于生产性服务业,这可能是由于银行信贷在消费性服务业资金来源中所占比重更大,生产性服务业中有许多企业技术含量比较高或者属于新兴产业,这类企业融资方式可能更多元化,可以通过股票市场或者风险投资的方式获得资金,因而对银行贷款的依赖性低于消费性服务业,从而其所获的银行贷款规模的增加对其产出的促进作用也就相对小些。

## 5.4 货币政策、债券融资与产业发展分析

### 5.4.1 我国债券市场以及企业债券融资现状

目前,我国债券市场已形成以银行间市场为主、交易所市场为辅、商业银行柜台市场为补充的多层次债券市场。我国目前的债券品种主要包括国债、地方政府债、央行票据、金融债、企业债、公司债、中期票据、短期融资券等。

国际经验表明,债券融资是企业外部融资的重要方式之一。当今美国,债券融资已经成为企业融资的首选(金鹏辉,2010)。近年来,我国债券市场日益壮大、债券品种日益丰富,但是在国债、金融债蓬勃发展的同时,我国以企业为发行主体的债券市场却发展滞后,规模明显偏小,与我国的经济发展需要不相适应。

我国目前以企业为发行主体的债券品种主要包括公司债券、企业债券、短期融资券以及中期票据。2005 年,我国推出短期融资券,短期融资券是企业在银行间债券市场发行和交易并约定在一年期限内还本付息的有价证券,推出当年短期融资券发行规模就达到 1 453 亿元。2007 年,随着《公司债发行试点办法》的颁布实施,债券发行主体扩大,当年公司债券

发行规模达到了 112 亿元。2008 年，中国银行间市场交易商协会通过了《银行间债券市场非金融企业中期票据业务指引》，中期票据启航，当年发行规模就达到了 1 737 亿元，2009 年则快速增长到 6 912 亿元。①

我国公司债券与企业债券在发行主体、发债资金用途、信用基础等诸多方面都存在着不同。其中，公司债券的发行主体是股份有限公司或有限责任公司，而企业债券的发行主体是中央政府部门所属机构、国有独资企业或国有控股企业。公司债券的发行无须经政府部门审批，只需登记注册，由于发债公司的经营状况不同，公司债券的信用级别也相差甚多，发行成功与否基本由市场决定。但在我国企业债券中，因为其国有机制，企业债券的信用级别与其他政府债券差别不大。

中期票据是指具有法人资格的非金融企业在银行间债券市场按照计划分期发行的、约定在一定期限（3～5 年为主，没有上限）还本付息的债务融资工具。与公司债和企业债相比，短期融资券及中期票据发行门槛较低，仅仅要求是中国境内注册的具有法人资格的非金融企业和待偿还余额不超过净资产的 40%，并且审批简单、发行速度快，在中国银行间市场交易商协会注册后就可发行。

以上分析表明，我国以企业为发行主体的债券市场呈波浪式发展向前推进，债券品种日益丰富，这一方面为企业采用债券融资奠定了一定基础，另一方面也为投资者创造了多元化投资品种。

**表 5—5　　各类债券余额比重**

| 类别 | 2014 年 3 月 | | 2010 年 12 月 | |
|---|---|---|---|---|
| | 余额（亿元） | 比重（%） | 余额（亿元） | 比重（%） |
| 国债 | 86 768.06 | 28.25 | 68 543.44 | 33.16 |
| 地方政府债 | 8 616.00 | 2.81 | 4 000.00 | 1.94 |
| 央行票据 | 5 462.00 | 1.78 | 37 020.00 | 17.91 |
| 同业存单 | 357.70 | 0.12 | | |

① 数据来源于万德资讯。

续表

| 类别 | 2014 年 3 月 | | 2010 年 12 月 | |
|---|---|---|---|---|
| | 余额(亿元) | 比重(%) | 余额(亿元) | 比重(%) |
| 金融债 | 106 846.16 | 34.79 | 57 694.84 | 27.91 |
| 政策银行债 | 90 098.68 | 29.33 | 50 873.56 | 24.61 |
| 商业银行债 | 3 573.30 | 1.16 | 1 074.20 | 0.52 |
| 商业银行次级债券 | 9 760.70 | 3.18 | 5 051.00 | 2.44 |
| 保险公司债 | 1 340.61 | 0.44 | 129.08 | 0.06 |
| 证券公司债 | 1 316.20 | 0.43 | 15.00 | 0.01 |
| 其他金融机构债 | 756.67 | 0.25 | 552.00 | 0.27 |
| 企业债 | 24 703.15 | 8.04 | 10 815.90 | 5.23 |
| 一般企业债 | 24 673.77 | 8.03 | 10 798.92 | 5.22 |
| 集合企业债 | 29.39 | 0.01 | 16.98 | 0.01 |
| 公司债 | 7 242.37 | 2.36 | 1 646.40 | 0.80 |
| 一般公司债 | 6 702.55 | 2.18 | 1 646.40 | 0.80 |
| 私募债 | 539.83 | 0.18 | | |
| 中期票据 | 29 866.62 | 9.72 | 13 606.12 | 6.58 |
| 一般中期票据 | 29 693.50 | 9.67 | 13 551.00 | 6.56 |
| 集合票据 | 173.12 | 0.06 | 55.12 | 0.03 |
| 短期融资券 | 15 189.30 | 4.95 | 6 680.35 | 3.23 |
| 一般短期融资券 | 8 716.30 | 2.84 | 6 530.35 | 3.16 |
| 超短期融资债券 | 5 449.50 | 1.77 | 150.00 | 0.07 |
| 证券公司短期融资券 | 1 023.50 | 0.33 | | |
| 定向工具 | 10 506.58 | 3.42 | | |
| 国际机构债 | 31.30 | 0.01 | 40.00 | 0.02 |
| 政府支持机构债 | 8 800.00 | 2.87 | 4 820.00 | 2.33 |
| 资产支持证券 | 876.96 | 0.29 | 110.93 | 0.05 |
| RMBS | 10.02 | 0.00 | 10.43 | 0.01 |

续表

| 类别 | 2014 年 3 月 | | 2010 年 12 月 | |
|---|---|---|---|---|
| | 余额(亿元) | 比重(%) | 余额(亿元) | 比重(%) |
| ABS | 90.78 | 0.03 | 22.08 | 0.01 |
| ABN | 106.30 | 0.03 | 78.41 | 0.04 |
| CDO | 669.86 | 0.22 | | |
| 可转债 | 1 600.69 | 0.52 | 786.85 | 0.38 |
| 可分离转债存债 | 275.85 | 0.09 | 950.65 | 0.46 |
| 合计 | 307 142.74 | 100.00 | 206 715.48 | 100.00 |

数据来源:根据万德数据库整理。

表 5—5 显示了我国债券发行中各类债券的余额占比,国债与金融债在我国债券发行中占据了较大比重。2010 年国债在我国各类债券余额中比重为 33.16%,而金融债为 27.91%;截至 2014 年 3 月,国债所占比重有所下降,为 28.25%,而金融债有所上升,占所有债券余额比重为 34.79%。但是与国债和金融债的蓬勃发展相比,以企业为发行主体的债券在所有债券余额中所占比重并不是太高。图 5—7 显示了 2002 年以来我国企业发行债券占所有债券发行的比重。

从图 5—7 中可以看到,我国企业发行债券占所有债券发行的比重在近年来才有所提高。2003 年,我国企业发行的债券占所有债券发行比重只有 2%,直到 2007 年也只有 6%。2008 年开始,企业发行债券有了较大增长,当年占比达到 11%。2011 年我国企业发行债券有了较快发展,当年企业发行各类债券总额为 21 205 亿元,占所有债券发行总量比重达到 27%。2012 年企业发行债券进一步扩大,达到 32438 亿元,占当年债券总发行量比重为 40%,达到历史性高点;2013 年企业类债券发行总量与 2012 年基本持平,但所占比重有所下降为 36%。①

总的来看,我国企业发行债券品种不断丰富,在债券融资中所占比重

① 数据系作者根据万德资讯中原始数据整理而得。

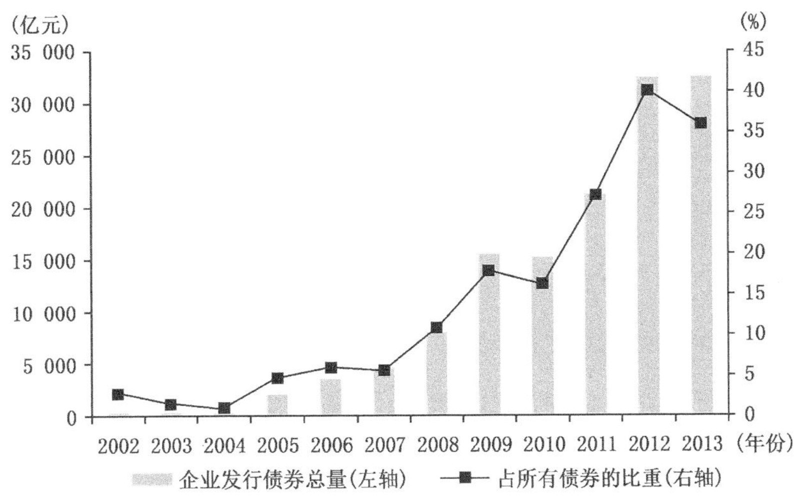


数据来源：根据万德数据库整理。

**图 5—7　企业发行债券规模**

也在逐步上升，但以企业为发行主体的债券市场仍然是我国债券市场发展的短板，其在经济发展与企业融资中的作用仍需提高。

## 5.4.2　货币政策、债券融资与产业发展

(1)债券融资产业分布

我们首先来看以企业为发行主体的债券总额产业分布，表 5—6 显示，截至 2013 年 12 月我国企业发行债券总量中占比最高的是第二产业，达到了 61.29%，第三产业则占到企业发行债券总量的 19%，第一产业所占比重则仅仅只有 0.25%。在第二产业企业发行债券中占比最高的是建筑业，而第三产业则主要集中在交通运输、仓储业。

在企业发行的各类债券中，其产业与行业分布也有所不同，发行企业债最多的行业是建筑业，达到了 32.47%，其次是电力、煤气及水的生产和供应业，占比为 13.18%，而公司债的发行中占比最高的行业是制造业为 39.05%，并且采掘业和交通运输、仓储业的公司债发行也较多，分别

占到17.97%和10.32%;而中期票据和短期融资券的行业分布则相对要分散一些。

表5—6　　我国企业发行债券行业分布

| | 企业发行债券总量占比 | 企业债占比 | 公司债占比 | 中期票据占比 | 短期融资券占比 |
|---|---|---|---|---|---|
| 农、林、牧、渔业 | 0.25% | 0.20% | 0.33% | 0.23% | 0.34% |
| 采掘业 | 13.08% | 7.09% | 17.97% | 21.32% | 10.93% |
| 制造业 | 15.22% | 4.25% | 39.05% | 21.17% | 22.14% |
| 电力、热力、燃气及水生产和供应业 | 14.32% | 13.18% | 10.96% | 12.17% | 23.36% |
| 建筑业 | 18.67% | 32.47% | 8.05% | 7.97% | 6.95% |
| 第二产业合计 | 61.29% | 57% | 76.03% | 62.62% | 63.37% |
| 交通运输、仓储业 | 8.88% | 5.32% | 10.32% | 13.62% | 8.66% |
| 信息技术业 | 1.02% | 0.51% | 1.49% | 1.19% | 1.89% |
| 批发和零售贸易 | 2.77% | 1.07% | 3.82% | 3.07% | 6.36% |
| 金融、保险业 | 1.70% | 1.05% | 0.01% | 0.42% | 6.84% |
| 房地产业 | 3.09% | 5.34% | 5.08% | 0.73% | 0.62% |
| 社会服务业 | 1.36% | 1.24% | 1.48% | 1.46% | 1.39% |
| 传播与文化产业 | 0.30% | 0.09% | 0.22% | 0.55% | 0.43% |
| 第三产业合计 | 19% | 14% | 22% | 21% | 26% |

数据来源:万德资讯。

我国大多数银行很少向企业提供五年以上的长期贷款,而发行债券则可以为企业筹集到长期资金。企业通过发行债券来融资,除了可以改善资本结构、降低融资成本外,还可以优化治理结构,从而有利于企业经营管理能力的提高。

但是,与银行贷款不同的是,企业债券融资是一种“门槛”更高的融资方式。首先,企业发行债券除了需要支付给投资者的利息以外,还需要承担发行费用,因而只有债券发行达到一定规模,与银行贷款比起来,债券融资才具有成本优势。

其次,那些新成立的企业或者规模较小的企业信息不对称问题更严重,难以通过债券市场融资。因为这类企业的产品情况、客户情况、经营管理能力等都是私人信息,一般不对外公告,外部投资者难以掌握其真实情况,因而这类企业一般没有权威的信用评级机构对其进行信用评级,也不能发行公开交易的债券。此外,这类企业一般也不能向投资者提供财务报表,因而不能向外部传递其信用状况的有关信息,从而导致其在融资中处于不利地位。

银行由于在收集和处理信息方面的优势,比市场上那些分散而众多的债券购买者更了解企业的特殊信息。在合约签订前,金融机构比公众债权人在拥有企业特殊信息方面享有优势。所以一般而言,那些信息不对称问题较严重的企业更倾向于从金融中介(机构)融资。而那些规模大、净值高、负债水平低、盈利能力强、自有资本大且社会声誉好的企业,在克服信息不对称问题以及融资规模效应方面更具优势。因此,债券融资一般更适合这类企业群体。

(2)货币政策与产业债券融资规模

图 5—8 显示了我国货币政策与企业发行债务规模的趋势,从图中可以看到我国企业发行债券规模一直呈上升趋势,自 2008 年以来企业的债券融资规模有了较快上升,尤其是 2011 年以来更是呈直线上升趋势。但在此期间,我国 M2 同比却波动较大,M2 和利率与企业发行的债券规模似乎联系很小。

从理论上来说,货币政策由于可以影响到债券发行企业的经营和财务状况,从而会影响到债券发行企业的信用等级,并进而影响到企业债券发行量。企业生产经营状况较好,则该企业发行的债券信用评级较高,从而能够增加投资者对该企业债券的需求,若货币政策的变动使得企业生产经营状况恶化,则企业的债券信用评级就会降低,从而投资者对该企业债券的需求就会减少。

与此同时,货币政策也会通过资产替代效应影响人们的资产配置,货币政策的变动会改变货币和债券的相对收益率,造成资产组合的替代效应,从而影响债券市场的供求。利率下降时,债券收益率相对于货币收益率上升,人们持有货币的机会成本上升,投资者因而增加债券投资;反之,利率上升时,投资者则会减少债款投资。

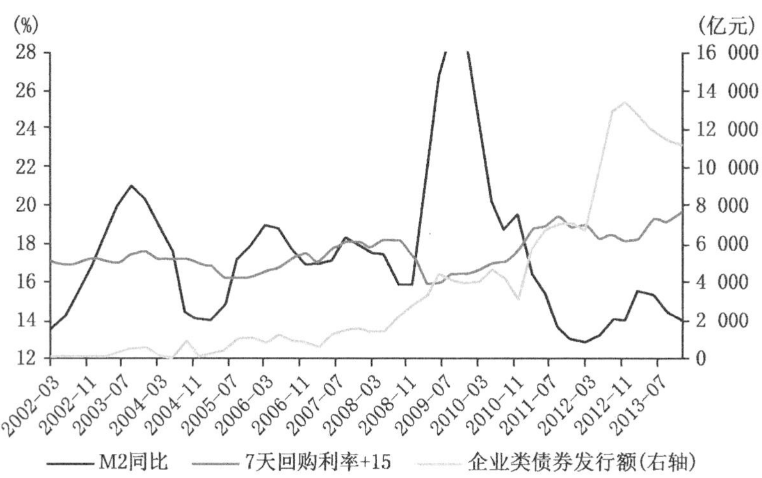


数据来源:中国人民银行,万德资讯。

**图 5—8　我国货币政策与企业发行债务规模**

从理论上来讲,货币政策的变动由于会影响到人们对债券的需求以及债券价格,因而会影响到企业的债券融资额度。但是从我国的现实状况来看,货币政策与企业的债券融资规模两者间似乎并没有比较明显的联系,这可能是与我国目前的债券发行制度,以及债券发行结构有关。

以企业债为例,由于企业债是由中央政府部门所属机构、国有独资企业或国有控股企业发行的债券,它的发行受到行政机制的严格控制。其不仅通过"国有"机制贯彻了政府信用,而且通过行政强制落实着担保机制,以至于企业债券的信用级别实际上与其他政府债券差别并不大。因此,从某种程度上来说,企业债实际上属于政府债券的范畴,因而市场机制对于企业债的发行规模影响有限,从而货币政策对于企业债发行规模也就作用有限。

通过以上分析可以看出,由于我国目前企业发行债券的制度约束以及债券发行的结构等原因,货币政策对我国企业的债券融资规模影响有限,从而使得货币政策通过作用于债券融资规模对产业的影响有限。结合上文的分析可知,在债务融资规模机制下,目前我国货币政策主要是通过影响产业所获得的银行贷款规模,进而对产业形成结构性影响的。

本章分析了货币政策通过债务融资机制对产业具有结构性影响。理论分析表明,中央银行通过货币政策工具运用可以改变产业债务融资规模,从而会对产业形成结构性影响。货币政策一方面可以影响到商业银行可贷资金规模,另一方面各产业资产负债状况受货币政策影响也存在差异,因而货币政策可以通过银行可贷资金规模效应和企业资产负债表效应改变商业银行在产业间的信贷配置状况。

目前在我国企业债务融资来源中,银行贷款仍然占了绝对比重,企业债券融资虽然近几年发展加快,但其在产业债务融资中所占比重仍然较小。从我国货币政策与企业各类债券融资规模的变动趋势来看,两者之间的关系并不十分密切,这可能是与我国目前债券市场发展状况以及债券发行制度有关。

在债务融资规模机制下,货币政策主要是通过作用于产业所获得的银行信贷规模进而形成产业效应。本章实证研究表明,存款准备金率变动会引发各产业所获的银行贷款规模的变动,并进一步对产业增长形成结构性影响。现阶段利率在调节银行信贷产业配置方面的作用仍然有限。

本章的实证结果表明,在产业债务融资规模机制下,降低存款准备金率更有利于第二产业发展,其次是第三产业,而对第一产业影响不显著。并且在该机制下,降低存款准备金率,第二产业内最为受益的是资本密集型行业,受益最小的是技术密集型行业;第三产业内则是消费性服务业更为受益。

**附表 5a　　存款准备金率对细分行业银行信贷的影响**

| 行业 | | 存款准备金率对银行信贷的影响系数 | 行业 | 存款准备金率对银行信贷的影响系数 |
|---|---|---|---|---|
| 第二产业 | 采矿业 | －0.325*** | 化学纤维制造业 | －0.688*** |

续表

| | 行业 | 存款准备金率对银行信贷的影响系数 | 行业 | 存款准备金率对银行信贷的影响系数 |
|---|---|---|---|---|
| 第二产业 | 纺织服装、服饰业 | 0.070 1 | 化学原料和化学制品制造业 | −0.337*** |
| | 纺织业 | −0.268*** | 石油加工、炼焦和核燃料加工业 | −0.050 4 |
| | 非金属矿物制品业 | −0.418*** | 有色金属冶炼和压延加工业 | −0.254** |
| | 家具制造业 | −2.005*** | 造纸和纸制品业 | −0.294*** |
| | 建筑业 | −0.338*** | 综合 | −0.641*** |
| | 金属制品业 | −0.495*** | 电力、热力、燃气及水生产和供应业 | −0.606*** |
| | 酒、饮料和精制茶制造业 | −0.388*** | 电气机械和器材制造业 | −0.343*** |
| | 木材加工和木、竹、藤、棕、草制品业 | −0.360 | 计算机、通信和其他电子设备制造业 | −0.301*** |
| | 农副食品加工业 | −0.180 | 汽车制造业 | −0.385*** |
| | 皮革、毛皮、羽毛及其制品和制鞋业 | −1.319*** | 铁路、船舶、航空航天和其他运输设备制造业 | −0.858*** |
| | 其他制造业 | −0.250 | 通用设备制造业 | −0.305*** |
| | 食品制造业 | −0.068 5 | 医药制造业 | −0.184*** |
| | 文教、工美、体育和娱乐用品制造业 | 6.441** | 仪器仪表制造业 | −0.437* |
| | 橡胶和塑料制品业 | −0.257** | 印刷和记录媒介复制业 | 0.405** |
| | 黑色金属冶炼和压延加工业 | −0.633*** | 专用设备制造业 | −0.238** |
| 第三产业 | 交通运输、仓储和邮政业 | −0.143 | 水利、环境和公共设施管理业 | −0.506*** |
| | 信息传输、软件和信息技术服务业 | −0.400*** | 教育 | −0.617*** |
| | 租赁和商务服务业 | −0.833*** | 文化、体育和娱乐业 | 0.130 |

续表

| 行业 | | 存款准备金率对银行信贷的影响系数 | 行业 | 存款准备金率对银行信贷的影响系数 |
| --- | --- | --- | --- | --- |
| 第三产业 | 科学研究和技术服务业 | −2.611*** | 批发和零售业 | −0.375*** |
| | 住宿和餐饮业 | −0.0197 | 房地产业 | −0.281*** |

# 第 6 章　货币政策产业效应的传导机制:融资成本视角

在上文的分析中,本书研究了货币政策通过影响产业债务融资规模对产业形成结构性影响,然而货币政策除了会从数量上影响产业债务融资规模外,还会从价格上对产业债务融资成本造成影响。按照新古典经济学的认识,货币政策会通过利率来影响资本使用成本进而影响到企业的投资和产出。资本使用成本与诸多因素有关,其中债务融资成本是非常重要的一个因素。

本书中的债务融资成本是指企业为其各类债务融资所支付的利息、手续费以及其他与债务融资相关的费用的总和。货币政策调整会影响银行放贷成本,决定银行信贷规模及发放长短期信贷的比率,并且货币政策也会影响企业发行债券和商业信用的成本,从而影响企业的债务融资成本,因而货币政策变更对企业债务融资成本意义重大。本章将基于债务融资成本的视角,考察货币政策变化对产业债务融资成本的影响有何差异,并进一步研究债务融资成本对各产业的影响。

## 6.1　理论分析

按照新古典经济学的认识,货币政策会通过利率影响资本使用成本进而影响到企业投资,而企业投资会影响到产出。我们基于新古典的资本需求理论来分析货币政策通过债务融资成本对企业产出的影响。

我们假定企业的生产函数为不变替代弹性(CES)生产函数,该类型的生产函数在近年来的微观企业分析中被广泛运用,如徐明东和陈学彬

(2012)、丁剑平和王婧婧(2013)等。生产函数设定形式如下：

$$F(K_{it},L_{it})=TFP_iA_i[\alpha_iK_{it}^{\frac{\sigma-1}{\sigma}}+\beta_iL_{it}^{\frac{\sigma-1}{\sigma}}]^{\frac{\sigma}{\sigma-1}v} \tag{6-1}$$

其中，$F(K_{it},L_{it})$表示 $i$ 企业在 $t$ 时刻的产出，$K_{it}$ 表示资本存量，$L_{it}$ 表示劳动投入，$TFP_iA_t$ 代表全要素生产率，$\sigma$ 是资本和劳动的替代弹性，$v$ 代表规模报酬。本书假定 $\alpha_i+\beta_i=1$，$\sigma$ 大于 0，$v$ 大于 0，$\alpha_i$ 大于 0，$\beta_i$ 大于 0。

假设企业的劳动投入不变，那么企业追求利润最大化也就是使投资达到最优。根据新古典企业投资理论，当企业投资达到最优时，企业 $i$ 第 $t$ 期的资本边际收益 $F_k$ 等于资本的边际成本 $UC_{it}$，即：

$$F(K_{it},L_{it})=UC_{it} \tag{6-2}$$

将生产函数(6—1)式对 $K_{it}$ 求偏导，并代入(6—2)式，方程两边求自然对数得到：

$$\ln(K_{it})=\theta\ln(Y_{it})-\sigma\ln(UC_{it})+\ln(G_{it}) \tag{6-3}$$

其中，$\theta=\sigma+\frac{1-\sigma}{v}$，$G_{it}=(TFP_iA_t)^{\frac{\sigma-1}{v}}(v\alpha_i)^\sigma$。

从(6—3) 式可以看到，企业资本存量 $K_{it}$ 取决于实际产出 $Y_{it}$、资本成本 $UC_{it}$ 以及 $G_{it}$，其中 $G_{it}$ 代表生产率等变量。

资本使用成本与诸多因素有关，主要包括投资品价格、企业的融资成本、预期的投资品通胀率、税收等因素，其中企业的融资成本是非常重要的一个因素。根据 Auerbach(1983)、Hayashi(2000)和 Gianni(2004)，资本使用成本 $UC_{it}$ 定义为：

$$UC_{it}=\frac{1-\tau_tZ_{it}}{(1-\tau_t)}\frac{p_t^K}{p_t^{GDP}}(r_{it}^C+\delta_{it}-\pi_t^e) \tag{6-4}$$

其中，$\delta_{it}$ 为公司的经济折旧率，$Z_{it}$ 为单位投资折旧备抵现值，$p_t^K$ 为投资品的价格指数，$p_t^{GDP}$ 为 GDP 平减指数，$\pi_t^e$ 为在 $t$ 时刻投资者预期投资品在 $t+1$ 时刻的升值率，$\tau_t$ 为公司的所得税税率。$r_{it}^C$ 为公司总的融资成本，包括公司负债融资的成本和股权融资成本，通过加权计算而得。

我国企业的融资来源仍然主要是债务融资，而利率变动对信贷融资以及其他债务融资成本影响很大,因此利率会通过企业债务融资成本对企业的投资产生影响,进而影响企业的产出。

从上述分析可以看出,在假定劳动不变的条件下,企业产出与投资正相关,而最优投资与资本边际成本负相关,同时资本边际成本与债务融资成本正相关。因此,我们可以得出企业产出与债务融资成本负相关的结论,货币政策的调整会通过影响企业债务融资成本,进而影响企业的产出。

利率通过债务融资成本影响产业产出的机制可以表示为:

利率↓⇒产业融资成本↓⇒产业资金使用成本↓
⇒产业投资↑⇒产业产出↑

由于不同产业在自身属性以及财务特征等方面的不同,货币政策通过债务融资成本会对产业形成结构性影响,这主要是由于以下几个原因:

第一,不同的产业资本密集度不同,利率变化造成的债务融资成本变化对各产业资本使用成本的影响程度不同,进而对各产业投资影响不同,进而会影响到产业的产出。资本密集度高的产业,当利率提高时债务融资成本上升较多,其资本使用成本的上升对产业投资和产出的抑制作用也较强。资本密集度低的产业,利率变化造成的资本使用成本变化对产业投资影响相对较小,因而其产出受影响较小。

第二,不同的产业主要融资来源不同,对负债融资的依赖度不同。有的产业比较依赖银行贷款或其他债务融资,因而当利率提高时,对其债务融资成本影响较大,进而影响到产出。有的产业对负债融资的依赖度较小,这些产业可能更多地依靠企业自身的内源性资金,或者是可以通过股权融资、风险投资等方式来获得资金,因而货币政策的变化对其债务融资成本的影响相对较小,从而货币政策通过债务融资成本对其产出的影响较小。若一个产业不能从银行获得足够的债务融资,那么该产业便需要通过民间融资或者其他利率较高的途径来获得融资,此时货币政策通过债务融资成本对该产业的影响也会相对较大。

第三,不同产业内企业特征的不同使其信用等级不同。银行或其他贷款机构给予企业的贷款利率会视企业的信用等级而定。一般情况下，企业的信用等级由企业的特征所决定，包括企业规模、经营风险、盈利能力和偿债能力等因素。银行作为稳健性投资者在信贷资源趋向紧缺时更可能把有限的资源投向不确定性程度较低的企业，或对不确定性较高的企业收取更高的利率(李志军等，2011)。一些产业处于成熟阶段，企业规模较大，且有形资产比重较高，能够提供足够的抵押物，从而比较容易得到贷款且享受优惠利率；相反，一些产业处于发展初期，或者产业内企业规模较小，或者有形资产比重较低从而不能提供足够的贷款抵押物，因而银行给予这类产业或行业的贷款利率会相对较高。在我国，由于银行与国有企业的特殊关系，国有企业在一定程度上能够获得较优惠的贷款利率，而民营企业则享受不到这样的待遇，因此债务融资成本不仅取决于企业的上述特征，而且与企业的所有权性质有关。若一个产业内企业的信用等级较高，或者国有企业较多，则货币政策对这个产业的债务融资成本影响往往较低；若一个产业内企业的信用等级较低或者民营企业较多，货币政策对该产业债务融资成本影响往往较大。

此外，货币政策通过融资成本对产业的影响，还与产业的平均利润率有关。当利率变动影响到企业的债务融资成本时，企业的利润会受影响。有些产业的利润率较高，当债务融资成本变化时，其利润受影响程度不会太大，因而企业的投资决策不会受太大影响。有些产业的利润率较低，当债务融资成本变化时，对其利润影响很大，企业会因为利润率的变化做出增加或者减少投资的决策，从而对产出造成影响。

## 6.2　我国货币政策与企业融资成本相关制度背景

随着我国利率市场化进程的推进，我国银行对贷款的自主定价权逐渐扩大，因而货币政策对企业融资成本的影响渠道也逐渐通畅。利率市场化进展至今，中国货币政策工具的影响机制逐渐发生了变化，利率等价格型工具也逐渐有了发挥作用的环境。

中国利率市场化进程启动以1996年6月放开银行间同业拆借市场上限管制为标志，经过多年的利率市场化改革，存贷款利率市场化程度显著提高，商业银行利率定价机制不断完善，利率在金融资源配置中的作用日益增强，中央银行利率体系也逐步向利率间接调控的方向转变。在放松利率管制的同时，我国还积极发展和完善市场利率体系，初步建立了以SHIBOR为代表的短期基准利率和以国债收益率曲线为代表的中长期基准利率。

货币政策会影响到银行和其他金融机构的资金规模和放贷成本，从而会影响到企业的融资成本。数量型货币政策工具如存款准备金率和公开市场操作会使银行和其他金融机构的资金规模发生变化，贷款的供求发生变化。当存款准备金率降低，或者央行通过公开市场操作注入流动性时，银行和其他金融机构的可贷资金规模扩大，贷款供给增加，因而贷款利率下降，企业的债务融资成本降低；当央行提高存款准备金率或者通过公开市场操作回收流动性时，银行和其他金融机构的可贷资金规模缩小，贷款供给减少，因而贷款利率上升，企业债务融资成本上升。

我国央行的价格型货币政策工具主要是基准利率，当央行降低基准利率时，银行的放贷成本降低，因而其可以为企业提供较低的贷款利率，企业债务融资成本下降；当央行提高基准利率时，银行放贷成本上升，其给企业的贷款利率便上升，因而企业的债务融资成本上升。

数量型货币政策工具主要是通过贷款的供求影响到企业的融资成本，而价格型货币政策工具则是通过银行放贷成本影响到企业融资成本。因此，货币政策的变更对企业债务融资成本有重要影响。

长期以来，我国利率是否能够通过债务融资成本对投资和产出产生显著影响，一直是一个有争议的问题。一方面，国有企业由于体制问题具有投资冲动且面临软预算约束，对资金成本因素不敏感。由于所有者缺位，国有企业管理者具有规模最大化的动机，其投资决策往往容易偏离利润最大化目标，而直接影响利润的融资成本也就不是投资决策的重要影响因素，因而企业投资对融资成本的敏感性比较低。此外，投资冲动的实现需要融资层面的支持,而国有企业普遍存在的软预算约束、较松的融资数量约束弱化了其财务杠杆和资金可获得性约束,管制利率的长期低估又形成了对国有企业具有补贴性质的低融资成本,如果人为扭曲的融资成本低于投资收益,那么国有企业便会具有投资冲动,从而弱化了产出对融资成本的敏感性。另一方面,我国存在着利率管制、银行业市场化程度不高并且金融市场不发达,这些都使得价格机制不能很好地发挥作用,导致企业对资本成本因素不敏感,弱化了产出对于融资成本的敏感性。

然而,随着国有企业改革以及利率市场化进程,银行和企业的激励约束机制均发生了明显的变化,货币政策调控的微观基础和市场环境发生了很大的变化。国有企业改革使得企业的经营目标逐渐向利润最大化转变,融资成本作为影响企业利润的重要因素成为企业投资决策的重要考虑变量。国有股权的下降使得企业的隐性担保程度得以下降,企业融资的数量约束逐渐硬化,同时与企业经营风险相匹配的融资成本相应上升,国有企业享受低融资成本的福利逐渐减少。故改制后国有企业的经营决策不得不更多考虑融资成本的因素,因而货币政策变动所导致的债务融资成本变动便会对企业产出造成影响。

其次,随着利率市场化改革的推进,使得银行对贷款的自主定价权逐渐扩大。各家银行可以根据自身的经营策略、货币资金的市场供求状况、同行业间竞争的程度以及客户信誉和偿债能力等因素,提出各自的贷款政策,贷款利率不再同一,而是通过差别利率来区分不同的客户。

## 6.3　货币政策对融资成本冲击的实证分析

企业的外部融资渠道主要包括债务融资和股权融资,由于我国资本市场还不够发达,企业融资仍然主要依靠债务融资。债务融资作为我国企业最主要的融资渠道,主要包括银行借款、商业信用和企业债券。近年来,我国股票市场虽然有了较大发展,企业股权融资规模有了较大提高,但企业债务融资仍占主要地位。

债务融资成本是指企业进行债务融资所支付的利息和其他费用，本节中我们将考察利率对产业债务融资成本的影响。

### 6.3.1 实证模型和变量选择

(1)实证模型选择

在检验利率对经济变量的影响时，国内文献大多数是基于宏观数据和VAR族模型得出的结论，由于样本时间区间以及模型设定等方面的差异，研究结论并不统一。本节中，我们仍然基于微观企业的面板数据来进行检验，这样可以纳入更多企业资产负债表信息以检验不同产业债务融资成本对于利率的敏感性。

本节旨在考察货币政策对各个产业债务融资成本的影响，因此我们以产业内的上市公司为横截单元，将产业内所有个体的时间序列数据组成面板数据，用以估计和检验模型。

我们利用以下固定效应模型来估计货币政策变动对各产业融资成本的影响：

$$Cost_t^{i,j}=\alpha_i+\beta_i Rate_t+\theta_{1,i}Debtra_t^{i,j}+\theta_{2,i}Asset_t^{i,j}+\theta_{3,i}Opcash_t^{i,j}$$
$$+\theta_{4,i}Profit_t^{i,j}+\theta_{5,i}Cash_t^{i,j}+\theta_{6,i}Turno_t^{i,j}+e_{i,t}$$

实证方程中，下标 $t$ 表示时间，上标 $j$ 表示产业，$i$ 表示 $j$ 产业内的企业，$\alpha_i$ 是常数项，$e_{i,t}$ 为随机误差项，$Cost_t^{i,j}$ 表示 $i$ 产业内 $j$ 企业的债务融资成本，$Rate_t$ 为利率，$Debtra_t^{i,j}$、$Asset_t^{i,j}$、$Opcash_t^{i,j}$、$Profit_t^{i,j}$、$Cash_t^{i,j}$ 和 $Turno_t^{i,j}$ 为控制变量。

(2)变量选择

①债务融资成本($Cost$)：企业的债务融资成本包括企业所支付的债务利息以及在融资时所支付手续费和其他费用。借鉴李广子等(2009)和魏志华等(2012)的做法，企业的财务费用可以反映企业为债务所支付的利息及其他费用。但债务融资成本对企业投资和产出的影响，并不仅仅是由单位债务融资成本决定的，而是由债务融资成本与利润的相对关系决定的，利润率较高的产业对债务融资成本的敏感性低于利润率较低的

产业。因此，我们在选取债务融资成本指标时需要考虑债务融资成本与企业利润的相对关系，我们利用企业的息税前利润对企业的财务费用进行标准化，即用企业的财务费用/(净利润＋财务费用＋所得税)来反映企业的债务融资成本。

②利率(*Rate*)：采用银行间 7 天同业拆借利率的季度加权平均值来反映。这是由于我国利率市场化已经取得了一定进展，贷款利率上限管制取消后，银行已经可以对贷款自主定价，银行会综合考虑企业的资产负债情况、规模大小、盈利情况、运营管理情况等来决定给企业的贷款利率，而且央行的数量型货币政策工具如存款准备金率、公开市场操作等也会通过影响银行可贷资金规模进而作用于企业贷款利率，因而存贷款基准利率并不能够很好反映企业贷款的真实利率水平。此外，企业的债务融资中除了银行贷款外还包括债券融资以及商业信用融资等部分，选用银行间同业拆借利率相对于基准利率来说，更加能够综合反映货币政策调整引起的利率变动对产业债务融资成本的影响。由于企业的贷款以及其他债务往往采取签订合同的方式，当期贷款利率的变动并不会立即对企业的债务融资成本产生影响，往往具有一定的时滞，因此我们选取领先于企业当期债务融资成本四个季度的利率。

③控制变量。我们选取如下的控制变量来反映企业经营对其债务融资成本的影响：

资产负债率(*Debtra*)：资产负债率较高的企业，比较依赖负债融资，因而其债务融资成本会较高，可以预期资产负债率变量的符号为正。

企业规模(*Asset*)：规模较大的企业，往往比较容易从银行获得贷款，其贷款利率也相对较低。但是在我国，规模较大的企业有许多是国有企业，一些大规模的国有企业往往运营能力较低，因而财务费用在其销售收入中的比重会较高。因此，规模对债务融资成本的影响方向是不确定的。我们用总资产来作为企业规模的代理变量。

盈利能力(*Profit*)：盈利能力较强的企业，其利润率较高，能以相对较低的利率获得银行贷款或者其他负债，并且利润率高的企业，企业内源资金比较丰富,企业可以利用自身资金来投资项目。因此,我们预期盈利能力对债务融资成本的影响是负向的。我们用企业的利润同比增长来反映企业的盈利能力。

运营管理能力(*Turno*):运营管理能力较强的企业,对于资金的运用能力比较强,存货以及资金的周转比较快,因而资金成本占其销售收入或者利润的比例也会相应较低,我们可以预期运营管理能力对债务融资成本的影响也是负向的。我们用总资产周转率来反映企业的运营管理能力。

经营性现金流与总资产比率(*Opcash*):企业的资金来源可以分为内源性资金来源与外源性资金来源,若企业的现金流较充足,则企业的内源性资金来源较充足,从而对外源性资金的需求会少一些,从而企业的债务融资成本也会相应低些。经营性现金流与总资产比率越高,意味着企业的内源资金越丰富。因此,我们可以预期企业现金流指标对企业债务融资成本的影响是负向的。我们可以用经营性现金流与总资产比率来衡量企业对内源资金的可得性(如王东静和张祥建,2007)。

现金比率(*Cash*):用(货币资金+交易性金融资产+应收票据)/流动负债来衡量。现金比率越高的企业其现金流越丰富,我们同样可以预期该变量的系数为负。

我们选取的时间区间为2003年第一季度至2013年第二季度,同样我们剔除了ST类上市公司和明显偏离行业内部平均值的异常公司的数据,由于金融行业的特殊性,我们剔除了金融行业公司,本书使用非平衡面板数据模型来进行分析,样本共包括1 722家上市公司,原始数据来自万德,对模型中的变量均做对数处理。

### 6.3.2 货币政策影响产业融资成本的实证分析

(1)货币政策对第一、第二和第三产业融资成本的影响

我们首先对第一、第二和第三产业分别建立一个固定效应面板数据模型,然后对第二和第三产业内的子行业分别建立固定效应面板数据模

型,实证结果如表6—1和表6—2所示。

**表6—1　　利率对第一、第二和第三产业融资成本的影响**

| | 第一产业<br>债务融资成本 | 第二产业<br>债务融资成本 | 第三产业<br>债务融资成本 |
|---|---|---|---|
| 常数项 | 2.316<br>(0.342) | −0.525<br>(0.187) | 1.014<br>(0.125) |
| 货币政策变量 | | | |
| *Rate* | −0.0733<br>(0.558) | 0.204***<br>(0.000) | 0.182***<br>(0.000) |
| 控制变量 | | | |
| *Debtra* | 0.246<br>(0.648) | 1.112***<br>(0.000) | 0.849***<br>(0.000) |
| *Asset* | 0.303<br>(0.280) | 0.145***<br>(0.000) | −0.166***<br>(0.008) |
| *Opcash* | 0.0107<br>(0.894) | −0.0166*<br>(0.055) | −0.0361**<br>(0.035) |
| *Profit* | −0.00654<br>(0.271) | −0.0129***<br>(0.000) | −0.0125***<br>(0.000) |
| *Cashra* | −0.373***<br>(0.007) | −0.243***<br>(0.000) | −0.247***<br>(0.000) |
| *Turno* | 0.117<br>(0.289) | −0.172***<br>(0.000) | −0.0812***<br>(0.008) |

由表6—1可以看到,利率对第一产业的债务融资成本影响不显著,对第二和第三产业的债务融资成本影响都是显著的,并且系数都为正。这说明利率的变化对二、三产业的债务融资成本有着显著的正向影响,也就是说,提高利率会使得第二和第三产业的债务融资成本显著增加,并且第二产业的债务融资成本受利率的影响大于第三产业。

此外,我们可以看到,资产负债率对第二和第三产业的债务融资成本也具有显著的正向影响,即资产负债率越高,产业的债务融资成本越高。经营性现金流对产业的债务融资成本的影响是负向的,这是因为产业的经营性现金流越高,企业可以利用自身的资金来进行投资,从而对外源性融资的依赖度会减少,因而产业的债务融资成本便会越小。产业的盈利能力对债务融资成本的影响也是负向的，产业的盈利能力越高，越有能力获得成本较低的融资，并且盈利能力强的企业内源性融资丰富，因而其债务融资成本会较低。产业内企业的总资产周转率越高，其对资金的利用效率会越高，从而债务融资成本会越低。

（2）货币政策对不同特征行业融资成本的影响

我们对第二产业内的劳动密集型产业、资本密集型产业和技术密集型产业的融资成本受货币政策的影响进行考察。不同要素密集型的产业对劳动、资本和技术等要素的使用情况不同，因而它们的债务融资成本受货币政策的影响也会不同。

**表 6—2　　利率对不同特征行业债务融资成本的影响**

| | 第二产业 | | | 第三产业 | |
|---|---|---|---|---|---|
| | 劳动密集型产业 | 资本密集型产业 | 技术密集型产业 | 生产性服务业 | 消费性服务业 |
| 常数项 | −1.198* | −1.008* | 0.736 | −0.0733 | 0.968 |
| | (0.070) | (0.070) | (0.375) | (0.934) | (0.384) |
| 货币政策变量 | | | | | |
| *Rate* | 0.124*** | 0.281*** | 0.201*** | 0.268*** | 0.114* |
| | (0.002) | (0.000) | (0.000) | (0.000) | (0.083) |
| 控制变量 | | | | | |
| *Debtra* | 1.239*** | 1.107*** | 0.960*** | 0.896*** | 0.974*** |
| | (0.000) | (0.000) | (0.000) | (0.000) | (0.000) |
| *Asset* | 0.0972* | 0.247*** | 0.0310 | 0.187 | −0.249** |
| | (0.068) | (0.000) | (0.625) | (0.163) | (0.011) |
| *Opcash* | −0.0315** | −0.0316** | 0.0116 | −0.0881*** | −0.0378 |
| | (0.035) | (0.011) | (0.472) | (0.003) | (0.123) |
| *Profit* | −0.0170*** | −0.0130*** | −0.00945*** | −0.0129*** | −0.0120*** |
| | (0.000) | (0.000) | (0.000) | (0.000) | (0.000) |
| *Cashra* | −0.150*** | −0.251*** | −0.300*** | −0.234*** | −0.276*** |
| | (0.005) | (0.000) | (0.000) | (0.003) | (0.000) |
| *Turno* | −0.151*** | −0.135*** | −0.217*** | −0.244*** | −0.0734 |
| | (0.000) | (0.000) | (0.000) | (0.000) | (0.164) |

表 6—2 显示，利率对第二产业内不同要素密集型行业的债务融资成

本都具有显著的正向影响，并且都是在 1％的水平下显著，提高利率会使得各类要素密集型行业的债务融资成本上升，而降低利率会使得各类要素密集型行业的债务融资成本降低。其中，资本密集型行业的债务融资成本受利率的影响最大，其次为技术密集型行业，受利率影响最小的是劳动密集型行业。而第三产业内则是生产性服务业债务融资成本受利率影响更大，而利率仅在 10％的水平下对消费性服务业债务融资成本有显著性影响。

利率对各行业债务融资成本的影响，一方面是与行业对资金的需求量有关。资本密集型行业对资本的使用较多，会占用大量资金，而企业在进行投资时往往需要向银行贷款或者利用其他形式的负债，因此资本密集型行业的债务融资相对于其他行业来说会多一些，因而利率的变化对资本密集型行业的债务融资成本的影响会较大。而技术密集型行业往往也需要较多的固定资产投资，并且对人力资本的需求较大，因而利率的变化对其债务融资成本的影响也较大。劳动密集型行业由于对劳动要素的使用较多、对资本要素的使用较少，其固定资产投资往往相对要少一些，因而利率的变化对其债务融资成本的影响相对来说会小一些。同样地，生产性服务业如交通运输、仓储业，租赁和商务服务业，信息传输业等往往也需要较多的固定资产投资，因而需要进行外源性融资，从而利率对生产性服务业的债务融资成本影响也会较大。消费性服务业如批发和零售业，教育、卫生和社会工作等行业的固定资产投资往往较小，融资需求相对较小，因而利率对消费性服务业的债务融资成本的影响会较小。另一方面，利率对行业债务融资成本的影响还与行业对银行贷款的依赖性有关。技术密集型行业相对资本密集型行业来说，可能会更多地使用股权融资、风险投资等方式，其对银行贷款的依赖性相对小些，加之其对资本的使用少于资本密集型行业，因而利率对其债务融资成本的影响相对较小。而消费性服务业中的批发和零售业，教育、卫生和社会工作等行业现金流量较丰富，其对外源性融资的依赖相对较小，这也是其债务融资成本对利率敏感度较低的原因之一。

因而，从利率变动对产业及其内部行业的债务融资成本的影响来看，利率变动显著影响了二、三产业的债务融资成本，并且影响程度在产业及其内部行业之间呈现出了较大差异。第二产业的债务融资成本受利率的影响程度更大，并且其内部资本密集型行业对利率最敏感，劳动密集型行业则最不敏感；第三产业内则是生产性服务业债务融资成本受利率影响更大。

本节的实证结果表明，随着利率市场化的进展以及我国国有企业改革的深化，利率已经能够显著地影响到我国第二和第三产业的债务融资成本，从而为利率调节实体经济打下了基础。

## 6.4 融资成本对产业影响的实证分析

第三节中的分析表明，货币政策的变动会影响到第二和第三产业的债务融资成本，并且各产业及其内部行业的债务融资成本受货币政策的影响程度是不同的。接下来，本书将进一步来研究产业债务融资成本的变动是否会影响到产出及其在产业间的差异。本节实证数据来源与上节相同。

### 6.4.1 实证模型和变量选择

此部分我们仍然借鉴 Love 和 Zicchino(2006)等的面板数据向量自回归方法(PVAR)来研究产业债务融资成本与产出之间的关系。国内一些文献在研究产出对融资成本的敏感性时，往往是基于宏观层面的数据，这可能会忽视不同产业或企业间的个体差异，从而降低产出对债务融资成本的敏感性。

面板数据向量自回归方法(PVAR)由于能够将传统的时间序列向量自回归方法(VAR)与面板数据相结合，从而不仅可以较好地处理变量之间的内生性问题，还可以利用个体效应来控制无法观察到的个体差异，因而基于 PVAR 模型的实证结果可能更具有微观基础。

PVAR 能把目标变量看成一个内生系统来处理，真实反映变量间的互动关系；正交化脉冲响应函数能分离不同因素对产出的影响程度，同时也是有效的动态分析工具。本书选取的样本区间是 2003—2013 年，使用公司层面的面板数据能够解决财务数据时序较短可能造成的回归结果不可靠的问题；PVAR 模型中的时间效应可以捕捉企业横截面上所受的共同冲击，而企业效应则允许了不可观察的个体差异，从而能够更真实地反映融资成本变动对各产业的影响差异。

本书的二阶非平衡 PVAR 模型设定如下：

$$Z_{i,t}=\Gamma_0+\Gamma_1 Z_{i,t-1}+\Gamma_2 Z_{i,t-2}+f_i+\varepsilon_i$$

其中，$Z_{i,t}$ 是四维向量 $\{Income_{i,t}, Cost_{i,t}, Opcash_{i,t}, GDP_t\}$，$Income_{i,t}$ 表示企业营业收入，以此作为产出代理变量；$Cost_{i,t}$ 表示企业债务融资成本，与上文一样，我们用企业财务费用/(净利润＋财务费用＋所得税)来表示，这样既能反映企业为债务融资所支付的利息和其他费用，又能反映这部分成本相对企业利润的情况；$Opcash_{i,t}$ 表示企业经营性现金流与总资产的比率，反映企业内源性融资对其产出的作用；$GDP_t$ 可以反映宏观经济形势对企业经营状况的影响。对上述变量，我们均取其同比的对数值。

$\Gamma_0$ 为 PVAR 模型的常数项向量，$\Gamma_1$、$\Gamma_2$、$\Gamma_3$ 和 $\Gamma_4$ 是待估计的参数矩阵，$f_i$ 表示公司个体效应，$\varepsilon_i$ 为随机扰动项。我们对三次产业以及第二和第三产业内行业分别建立一个 PVAR 模型，以产业及行业内公司为截面来估计模型。在进行检验之前，我们对各序列的平稳性进行检验，我们采用 LLC 检验和 IPS 检验，由于我们对变量进行了同比对数的处理，因而各序列至少在 10％的置信水平上拒绝了各检验存在单位根的零假设，表明各序列为平稳序列。

我们仍然是首先在面板数据上估计 VAR，然后估计脉冲响应函数。与前面章节中所使用的方法一样，我们仍然在模型中加入公司个体效应 $f_i$ 以控制公司个体之间的差异，并使用 Helmert 过程即使用前期均值消除公司个体固定效应，由于这种转换保留了被转换变量与滞后回归因子之间的正交性,因而可使用滞后的回归因子作为工具变量进行广义矩估计。在估计脉冲响应函数时,仍然使用乔利斯基(Choleski)分解法。

本书设定的变量顺序是 $Income_{i,t}$, $Cost_{i,t}$, $Opcash_{i,t}$, $GDP_t$,我们认为这样的排列顺序是合理的,因为企业收入对各类因素冲击的反应具有一定滞后期,因而其会受到债务融资成本、经营性现金流以及宏观经济的滞后期的影响,而企业的债务融资成本与企业的经营状况相关,因而会受到企业收入当期和滞后期的影响。企业的经营性现金流则受到企业收入以及债务融资成本当期和滞后期的影响,由于宏观经济影响到企业的现金流具有一定的时滞,因而经营性现金流只受到总产出滞后期的影响。总产出是一个相对最内生的变量,因而会受到其他变量当期和滞后期的影响。

### 6.4.2 融资成本对产业发展影响的实证分析

从产出对债务融资成本的脉冲响应图可以看出,第一产业的产出对债务融资成本的响应第一期是正向反应,这可能是由于农产品的需求弹性较低,具有较好的成本转嫁能力,当债务融资成本增加时,农产品价格会相应上升,这会刺激农产品生产者加大投入从而产出增加。但从第二期开始,债务融资成本对第一产业产出的冲击便转为负向影响,并达到峰值－0.128 5,随后响应逐渐趋向于零。这说明虽然在短期内农产品价格的上升会刺激生产者加大投入,但从长期来看,债务融资成本的上升由于会增加生产者的投资成本并减少利润空间,仍然抑制了第一产业产出的增加。

第二和第三产业收入对债务融资成本的响应则从第一期开始便是负向影响:第二产业在第一期便达到响应的峰值－0.029 7,随后响应值逐渐减小,6 期累计响应值为－0.123 8,第三产业的收入则在第 2 期达到对债务融资成本响应的最大值－0.016,6 期累计响应值为－0.044 8。这说明第二和第三产业的收入变动对债务融资成本冲击较敏感,债务融资成

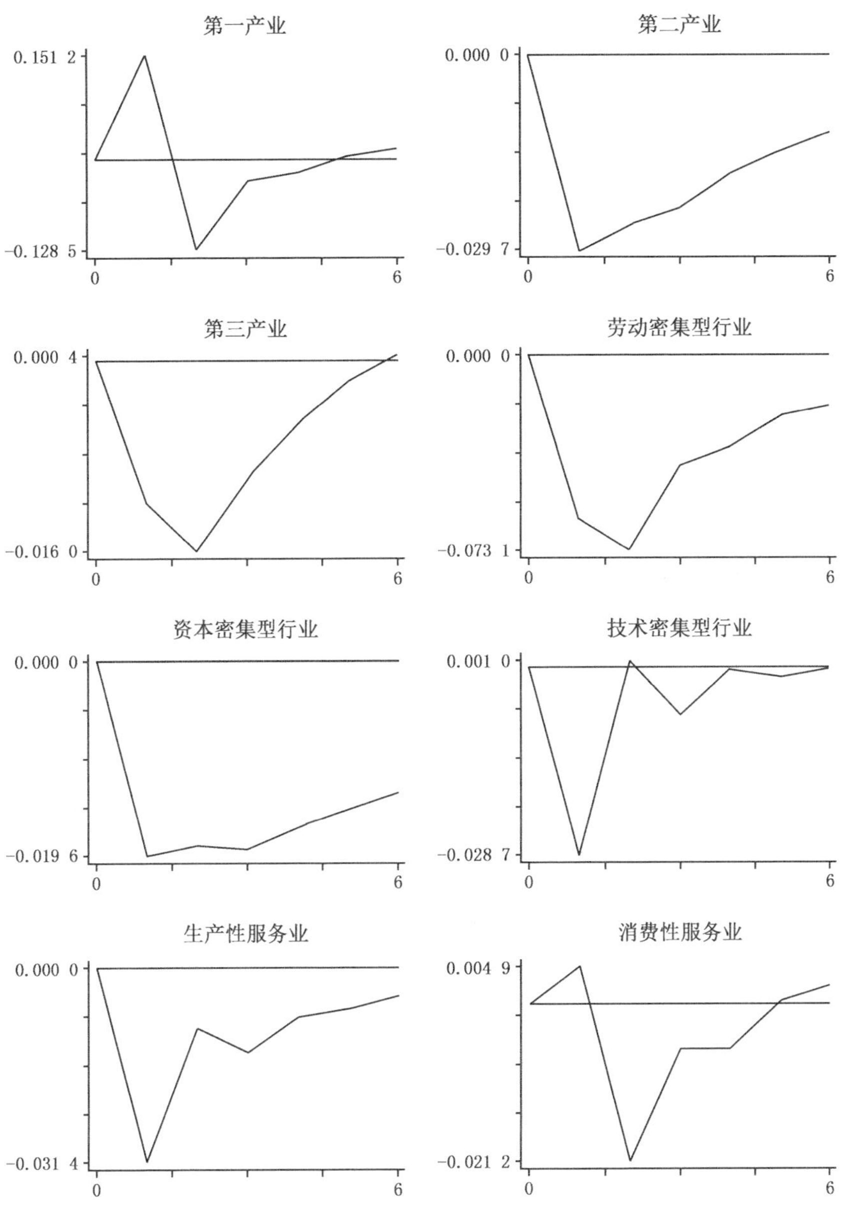


**图 6—1 各产业对融资成本的脉冲响应**

本的上升增加了第二和第三产业的投资成本,从而抑制了产业投资,并最终影响到第二和第三产业的产出。第二产业对债务融资成本冲击的响应峰值和6期累计响应值均大于第三产业,并且更快达到响应峰值,这表明第二产业对债务融资成本更敏感,且受到的冲击更大。

第二产业内不同要素密集程度的行业产出均快速对债务融资成本的冲击做出负向响应,其中资本和技术密集型行业在第一期便达到响应峰值,劳动密集型行业则是在第二期达到响应峰值。劳动密集型行业的产出对债务融资成本6期累计响应值为-0.252 4,资本和技术密集型行业则分别为-0.101 8和-0.036 8。

劳动密集型行业的产出对债务融资成本冲击的累计响应值最大,这可能是由于劳动密集型行业的利润率相对较低,而其转嫁成本的能力又较低,债务融资成本的上升削弱了其利润空间,因而劳动密集型行业会减少投资从而产出下降。技术密集型行业的产出对债务融资成本冲击的响应低于劳动和资本密集型行业,这一方面是由于技术密集型行业的利润率较高,债务融资成本的上升对其利润影响有限,且技术密集型行业产品具有一定垄断性,一定程度上可以转嫁融资成本上升带来的影响;另一方面,技术密集型行业的资金来源渠道较多,除了债务融资外,还可以在资本市场上进行融资,因而债务融资成本的上升对其产出的影响较小。

生产性服务业产出对债务融资成本变动的响应也较迅速,在第一期即达到响应峰值-0.0314,在第四期后响应值逐渐趋向于零。与第一产业类似,消费性服务业对债务融资成本变动的响应在第一期也是正的,这可能是由于消费性服务业中的一些服务需求弹性较低,在短期内也能够将融资成本上升的影响转嫁给消费者,但在长期内债务融资成本对消费性服务业的产出仍然是负向影响。

**表6—3　　各产业对债务融资成本冲击的响应值**

| | 峰值 | 6期累计响应值 |
|---|---|---|
| 第一产业 | -0.128 5 | -0.001 1 |

续表

| | 峰值 | 6 期累计响应值 |
|---|---|---|
| 第二产业 | −0.029 7 | −0.123 8 |
| 第三产业 | −0.016 | −0.044 8 |
| 劳动密集型行业 | −0.073 1 | −0.252 4 |
| 资本密集型行业 | −0.019 6 | −0.101 8 |
| 技术密集型行业 | −0.028 7 | −0.036 8 |
| 生产性服务业 | −0.031 4 | −0.074 |
| 消费性服务业 | −0.021 2 | −0.025 9 |

债务融资成本变动对产业的影响与以下几个方面的因素有关:

第一,与产业的成本转嫁能力有关。农林牧渔产品和一些消费性服务业由于需求弹性较低,因而具有较好的成本转嫁能力。当债务融资成本增加时,农产品和消费性服务业生产者可以通过提高产品价格的方式来转嫁成本。本书的实证分析表明,债务融资成本的增加在短期内甚至还会增加第一产业和消费性服务业的产出,但从长期来看,债务融资成本的上升由于增加了农林牧渔和一些消费性服务业生产者的投资成本,并减少了其利润空间,仍然抑制了其产出增加。

第二,与产业对资本的需求有关。第二产业的固定资产投资通常大于第一和第三产业,并且其产出的增加对投资较为依赖,因而债务融资成本的变动对第二产业的影响最大,而第一产业由于固定资产投资较少,相应地其产出受债务融资成本变动的冲击影响也最小。

第三,与产业的利润率有关。企业在扩大生产规模进行投资时,往往需要对外融资,融资成本的高低直接会影响到企业的投资活动。企业会综合考虑融资的成本以及进行投资后的预期收益来决定是否进行投资。当债务融资成本上升时,降低了企业能获得的收益,企业便会减少投资,从而产出减少;若融资成本较低,企业可以获得的收益较高,企业便会扩大投资,从而产出扩大。

不同的产业对于融资成本的承受能力也是不同的。若一个产业的利润率较高,融资成本的上升虽然减少了其收益,但是企业仍然能够获得较高的利润,因而融资成本的上升对其投资的影响不会太大,从而对产出的影响不会太大;若企业的利润率较低,融资成本的上升使其利润减少很多,甚至出现亏损,因而融资成本对这类企业的投资决策的影响很大,从而这类企业的产出对于融资成本便会较敏感。

本节中 PVAR 模型的实证结果表明,随着国有企业改革的深化、金融市场的发展以及利率市场化的进展,我国各产业对债务融资成本已经具有一定程度的敏感性。第二和第三产业及其内部行业的产出均对债务融资成本做出了负向响应,即产业债务融资成本的增加抑制了其产出的增加,并且各产业受债务融资成本的影响程度也呈现差异性,这种差异性与产业的成本转嫁能力、对资本的需求以及产业利润率有关。

债务融资成本在我国企业融资成本中占据主要地位,本章的实证结果表明,利率变动对第二和第三产业债务融资成本有着显著的正向影响,而对第一产业影响不显著。也就是说,提高利率会使得二、三产业的债务融资成本显著增加,并且第二产业债务融资成本受利率的影响更大。

第二产业中资本密集型行业债务融资成本受利率的影响最大,受影响最小的是劳动密集型行业,第三产业内则是生产性服务业债务融资成本受利率影响更大。

从产业债务融资成本对其产出的冲击来看,PVAR 模型的实证结果表明,第二和第三产业及其内部不同行业的产出均对债务融资成本做出了负向响应,即产业债务融资成本的增加抑制了其产出增加。这表明我国各产业对债务融资成本已经具有一定程度的敏感性,并且各产业受债务融资成本的影响程度也呈现差异性。

结合货币政策对产业的债务融资成本的影响,以及债务融资成本对产业的冲击来看,本章实证研究表明我国货币政策通过债务融资成本机制对第二和第三产业产生影响是通畅的,并且对第二产业影响更大。此外,该机制下第二产业内资本密集型行业受影响较大,第三产业内则是生产性服务业所受影响更大。

这表明随着利率市场化的进展、金融市场的发展以及国有企业改革的深化，货币政策通过债务融资成本机制对产业发展产生影响已经逐渐通畅，是货币政策产业效应的重要传导机制之一。

**附表 6a　　利率对细分行业债务融资成本影响的实证分析**

| | 行业 | 利率对债务融资成本的影响系数 | 行业 | 利率对债务融资成本的影响系数 |
|---|---|---|---|---|
| 第二产业 | 采矿业 | 0.071 8 | 化学纤维制造业 | 0.205 |
| | 纺织服装、服饰业 | 0.034 1 | 化学原料和化学制品制造业 | 0.185*** |
| | 纺织业 | 0.042 8 | 石油加工、炼焦和核燃料加工业 | −0.082 4 |
| | 非金属矿物制品业 | 0.162** | 有色金属冶炼和压延加工业 | 0.436*** |
| | 家具制造业 | 0.492 | 造纸和纸制品业 | 0.458*** |
| | 建筑业 | 0.064 4 | 综合 | 0.266 |
| | 金属制品业 | 0.209 | 电力、热力、燃气及水生产和供应业 | 0.217*** |
| | 酒、饮料和精制茶制造业 | 0.292 | 电气机械和器材制造业 | 0.143 |
| | 木材加工和木、竹、藤、棕、草制品业 | 0.104 | 计算机、通信和其他电子设备制造业 | 0.339*** |
| | 农副食品加工业 | 0.093 6 | 汽车制造业 | 0.382*** |
| | 皮革、毛皮、羽毛及其制品和制鞋业 | −0.000 756 | 铁路、船舶、航空航天和其他运输设备制造业 | 0.063 5 |
| | 其他制造业 | 0.246* | 通用设备制造业 | 0.266** |
| | 食品制造业 | 0.286 | 医药制造业 | 0.127* |
| | 文教、工美、体育和娱乐用品制造业 | 0.154 | 仪器仪表制造业 | 0.581 |
| | 橡胶和塑料制品业 | 0.310*** | 印刷和记录媒介复制业 | −0.412 |
| | 黑色金属冶炼和压延加工业 | 0.324*** | 专用设备制造业 | 0.464*** |

续表

| | 行业 | 利率对债务融资成本的影响系数 | 行业 | 利率对债务融资成本的影响系数 |
|---|---|---|---|---|
| 第三产业 | 交通运输、仓储和邮政业 | 0.278*** | 水利、环境和公共设施管理业 | −0.132 |
| | 信息传输、软件和信息技术服务业 | 0.500*** | 教育 | 0.154 |
| | 租赁和商务服务业 | 0.108 | 文化、体育和娱乐业 | −0.017 6 |
| | 科学研究和技术服务业 | −1.129 | 批发和零售业 | 0.169*** |
| | 住宿和餐饮业 | 0.241 | 房地产业 | 0.174 |
| | 金融业 | 1.013 | | |

# 第7章　结论与政策建议

## 7.1　主要结论

当前我国经济已经历了由高速增长向中高速增长的转变过程，并正在向高质量发展阶段迈进，经济增长动力已发生深刻变化，推动企业技术创新、发展高新技术产业与新兴产业迫在眉睫。技术创新与产业结构调整受到众多因素的影响，金融体系便是其中最为重要的因素之一，而货币政策与资本市场的作用尤为关键。综观全文，本书基于上市公司微观数据，从融资规模和成本的角度研究了货币政策的产业效应及其传导机制，并分析了资本市场在其中所发挥的作用。具体来看，全书的主要结论大致概括如下：

(1)货币政策对三次产业及其内部行业均存在着产业效应，技术密集型行业整体上处于相对有利的中间地位

经典的货币政策理论着重于分析货币政策对经济的整体影响，但由于各产业在属性、自身特征以及经营状况等方面的差异，货币政策传导至各产业的效果并非是均衡的。

本书的实证分析表明，货币政策对第二和第三产业的产出增长均存在着显著影响，但对第一产业作用不显著，并且货币政策对第二产业的影响大于第三产业。货币供应量的增加有助于第二和第三产业的产出增长，但对第二产业的促进作用更大，因而我国货币供应量的增加在一定程度上更有利于第二产业的发展。利率变动对第二和第三产业的增长有着反向作用，并且利率变动对第二产业的影响大于第三产业。

本书的实证结果还表明,货币政策不仅对三次产业之间存在着结构性影响,而且对产业内不同行业也存在着结构性影响。第二产业内资本密集型行业受货币政策影响程度最大,技术密集型行业次之,最后是劳动密集型行业。从整体上来看,技术密集型行业受货币政策影响处于相对有利的中间地位。第三产业内,货币政策对生产性服务业的作用大于消费性服务业。货币供应量增加时对生产性服务业的促进作用大于消费性服务业,从而有利于服务业内部的结构调整;利率可以显著影响到生产性服务业的产出,却对消费性服务业没有显著影响。

为了更深入地理解货币政策的产业效应,本书将 2003 年以来的货币政策划分成相对宽松和相对紧缩时期,通过对比这两个时期货币政策对产业的影响,我们发现相对紧缩时期的货币供应量增长更有利于技术密集型行业和生产性服务业发展,从而更有利于我国经济转型和产业结构调整。

(2)货币政策通过股票价格对产业股权融资形成显著影响,尤其是技术密集型行业与战略性新兴产业

随着我国股票市场的发展,股市的融资能力以及资源配置能力已经得到了很大提高。本书的理论与实证分析表明,股权融资是货币政策产业效应的重要传导机制之一。

本书的理论分析表明,货币政策变化会引致股票价格的系统性变化,而企业有在股票价格较高时择时融资的动机,因而货币政策会通过股票价格渠道对产业股权融资的规模造成影响。与此同时,股市作为资源配置的高效机制与渠道,能够引导资金流向新兴的产业和部门,从而能够促进经济发展和产业结构调整。

本书的实证结果显示,我国上市公司虽不能完全自主决定股权融资的时机,但货币政策仍然通过股票价格对产业股权融资规模形成显著影响。当货币供应量 M2 变化时,产业股权融资规模发生显著变化,并且这种变化主要是通过股票价格渠道来传导的,其中第二产业的股权融资规模受货币政策影响最大,其次是第三产业。此外,技术密集型行业和生产

性服务业的股权融资对货币政策相对更为敏感，而战略性新兴产业的股权融资受货币政策的影响尤为显著。因此，货币供应量增加时，技术密集型行业、生产性服务业及战略性新兴产业的股权融资规模得到了更快增长。

技术密集型行业和生产性服务业中有不少企业处于发展初期，经营性风险和技术性风险均较大，并且一些企业的规模较小且有形资产比重较低，从而难以提供足额的抵押品，往往难以从银行获得足够贷款。而股票市场却可以通过投资组合以及提高长期资本投入的流动性等方式降低投资者风险，并且还能够为投资者提供高额回报，因而一些风险较大的新兴产业可以从股票市场上募得资金。

本书的实证研究表明，我国货币政策通过股权融资规模机制对第二和第三产业增长形成显著影响，尤其是技术密集型行业和战略性新兴产业。在股权融资机制下，货币供应量的增加更有利于技术密集型行业和生产性服务业发展，并且战略性新兴产业受股权融资机制影响更为显著。这说明股票市场高效配置资源并促进产业结构调整的作用，在我国已得到一定程度的发挥。

(3)债务融资也是货币政策产业效应的传导机制之一，技术密集型行业与生产性服务业受存款准备金率影响相对较小

目前我国以企业为发行主体的债券融资存在着发展滞后、规模偏小的问题，从我国货币政策与企业各类债券融资规模的变动趋势来看，两者之间的关系并不十分密切，这可能与我国目前债券市场发展状况以及债券发行制度有关。当前在我国企业债务融资构成中，银行贷款仍然占据了绝对比重。

本书的实证结果表明，存款准备金率在调节产业所获得的银行信贷规模方面的作用大于利率。存款准备金率的变动对第二和第三产业获得的贷款规模有着显著的负向影响，并且其对第二产业贷款规模的影响更大，但对第一产业的贷款规模影响不显著。现阶段，利率在调节银行信贷产业配置方面的作用仍然有限。这一方面是由于我国企业普遍存在着融

资约束,企业对信贷需求较大,因而企业受能够调节银行可贷资金规模的存款准备金率影响很大;另一方面是由于我国利率市场化进程尚未完成,信贷的供给与需求对利率尚没有足够的敏感性。

从存款准备金率对第二和第三产业内部贷款规模的影响来看,存款准备金率的变动对资本密集型行业所获的贷款规模影响相对来说更大,而对技术密集型和生产性服务业贷款规模影响较小。这一方面是由于各行业对资金需求以及对银行贷款的依赖程度不同,另一方面是与央行货币政策的逆周期性以及各行业的经营状况有关。

而后本书进一步就各产业所获的信贷规模对其产出作用的实证分析表明,第二产业受益程度大于第三产业,并且第二产业内资本密集型行业的信贷规模对产出的促进作用最大,技术密集型行业最小,第三产业内则是消费性服务业产出受其信贷规模影响大于生产性服务业。

本书的实证分析表明,在产业债务融资规模机制下,降低存款准备金率更有利于第二产业发展,其次是第三产业。并且在该机制下,央行降低存款准备金率时,第二产业内最为受益的是资本密集型行业,受益最小的是技术密集型行业;第三产业内则是消费性服务业更为受益。当提高存款准备金率时,各产业则相应受到不同程度的不利影响。由此可见,货币政策变动通过作用于产业债务融资规模形成了产业效应。

(4)融资成本是货币政策产业效应的另一个渠道机制

本书从债务融资成本的角度分析了货币政策产业效应的又一个机制。按照新古典经济学的认识,当企业投资达到最优时,企业的资本边际收益等于资本边际成本。资本使用成本与诸多因素有关,其中债务融资成本是非常重要的一个因素。因此,货币政策会通过利率影响企业的资本使用成本,进而影响到企业投资和产出。

长期以来,利率能否通过债务融资成本对投资和产出产生显著影响,一直是一个有争议的问题。本书的实证结果表明,利率变动对第二和第三产业的债务融资成本有着显著的正向影响,而对第一产业影响不显著。从产业内部行业来看,第二产业中资本密集型行业债务融资成本受利率影响最大，受影响最小的是劳动密集型行业，第三产业中利率则是对生产性服务业债务融资成本的影响大于消费性服务业。

从产业债务融资成本对其产出的冲击来看，PVAR 模型的实证结果表明，第二和第三产业及其内部不同行业的产出均对债务融资成本做出了负向响应，即产业债务融资成本的增加抑制了产业发展。

货币政策通过债务融资成本机制对产业的影响与产业的成本转嫁能力、对资本的需求以及产业利润率等因素有关。本书实证研究表明，我国货币政策通过债务融资成本机制对第二和第三产业产生影响是通畅的，并且对第二产业影响更大；此外，该机制下第二产业内资本密集型行业受影响较大，第三产业内则是生产性服务业所受影响更大。

这表明随着利率市场化的进展、金融市场的发展以及国有企业改革的深化，货币政策通过债务融资成本机制对产业发展产生影响已经逐渐通畅，并且对产业及其内部行业形成了产业效应。

## 7.2　政策建议

货币政策的作用已不再局限于传统意义上的总量需求调控，而是逐步延伸到支持技术创新、经济转型与推动产业结构升级的范畴。货币政策作为宏观调控的重要手段与资源配置的重要方式，对企业技术创新、产业发展与结构调整具有日益显著的重要影响。本书基于上市公司微观数据，从股权融资、债务融资以及融资成本的角度，就货币政策的产业效应及传导机制进行研究，研究结果表明货币政策不仅对三次产业而且对产业内部行业之间均存在着产业效应，而且资本市场在其中发挥了很大作用。今后，政府在货币政策、资本市场相关制度以及其他相关政策的制定方面，可以着手加强以下几个方面：

（1）充分考虑货币政策的产业效应，有针对性、灵活地制定相关政策

本书的理论和实证研究表明，货币政策对三次产业及其内部行业均存在着非同质影响，因而会对技术创新与产业结构调整产生作用。货币

政策已突破传统意义上的总量需求调控，逐步延伸到推动技术创新与经济转型的范畴。中国要实现经济转型和产业结构调整，就必须充分考虑到货币政策的产业效应，有针对性且灵活地制定相关政策。

第一，在制定货币政策时，需要充分考虑货币政策对产业的结构性影响。近年来，为了促进经济的发展，我国央行积极运用货币政策进行宏观调控，取得了积极成效。本书的实证结果表明，适度的货币供应量增长，更有利于二、三产业内部的结构调整，因而不应为了追求经济总量的增加，一味实施过于宽松的货币政策。因此，在制定货币政策时，需要充分考虑到货币政策对产业结构调整的此种影响，以形成最优货币政策。

第二，充分利用财政政策、产业政策及信贷政策等各类手段引导产业合理发展，推动经济转型与结构调整。由于各个产业在自身特征和产业属性方面的差异，不管中央银行采用何种货币政策，货币政策对产业的结构性影响都必然存在，从而可能导致产业的非均衡发展。仅仅依靠货币政策的调整无法解决这一问题，必须依托更加系统和外部化的方案。因此，必须发挥财政政策、产业政策、信贷政策等各类手段的作用来引导产业的发展。可以利用财政政策加强对重点产业的财政支持和补贴，利用产业政策制定合适的信贷政策，加强对新兴产业和高新技术产业的信贷支持，中央银行应引导商业银行加大对优势行业和具有发展潜力行业的信贷投入，加强信贷运行监测和综合分析，逐步建立重要行业与基础产业的信贷风险监测预警体系。

(2)大力发展多层次资本市场，优化资本市场制度设计，提升资本市场促进技术创新及产业结构调整的效率

近年来，我国资本市场无论是从规模上还是制度上都已经有了较大的发展和完善，股票市场在推动技术创新以及新兴产业发展方面具有重要作用，本书认为今后可以从以下几个方面来推动资本市场发展：

首先，需要加快股票发行制度的市场化改革。推动股票发行制度由核准制向注册制转变。实行股票发行注册制不仅可以提高股票发行审核效率，减少股票发行审核中的行政干预、强化市场机制的约束作用，还能

够使更多的企业成为公众股份公司。因此,股票发行制度的市场化改革不仅能够扩大股票市场的规模,还能够提高股票市场的资源配置效率。

其次,需要加强投资者教育,引导投资者树立科学理性的投资理念。一方面可以鼓励投资者追求价值投资和进行长期投资;另一方面,需要提高机构投资者在市场中的比重,使其成为影响市场运行的主导力量,从而培育良好的股市投资文化,以促进股票市场走向规范和成熟。

除了加快发展股票市场外,还需要加快建设其他各层级资本市场。债券市场融资在企业融资来源中也发挥了越来越重要的作用,需要积极发展债券市场融资,解决中小企业融资难问题,促使资金流向代表产业结构调整和升级方向的行业。此外,在建设多层次资本市场的同时,还需要加快风投体系建设。资本市场具有较高的资本配置效率,但是对于一些处于发展初期的风险高、周期长的新兴产业,仍然很难通过资本市场融资,针对这类产业的需要,可以加快风投体系建设,鼓励 PE 和 VC 对此类企业进行投资和培育。

(3)深化银行业体制和结构改革,提高银行信贷的产业配置效率

中国的融资环境与发达国家相比存在很大差异,中国企业的融资渠道较少,银行贷款是企业的主要融资来源。商业银行信贷在产业间的配置,会直接影响产业的发展速度,进而对产业结构调整造成影响。我国当前处于经济转轨时期,商业银行面临着较为复杂的制度环境,政府干预与市场调节这两种不同的资源配置手段,其力量对比会对银行的信贷资金配置产生重要影响,今后可以从以下几个方面来提高银行信贷的产业配置效率:

第一,深化银行业体制改革,形成规范的风险与利润约束机制。经过多年的改革与发展,我国银行的商业化特征和经营活动的自主性已经有所增强,但仍需继续深化银行业体制改革,促使商业银行形成规范的风险与利润约束机制,提高信息识别能力和风险控制能力,并成为真正意义上的金融企业。

第二,发展中小商业银行,放松信贷市场的准入管制。在我国目前的

银行体系中，四大国有商业银行仍然占据主导地位，银行体系难以避免政府行政干预，并且缺少竞争可能会导致银行更高的服务佣金与更低的融资效率。我国需要放松对信贷市场的准入管制，允许更多的中小银行进入市场，鼓励中小商业银行通过兼并重组等措施增强实力，更好地为中小企业提供信贷服务。

(4)深化利率市场化，更好地发挥利率对经济的调控作用

随着我国利率市场化的进展，利率对经济运行的调节能力已经得到了很大提升，但是我国仍然未完全实现利率市场化，今后可以加强以下几个方面的措施：

首先，需要继续推进利率市场化进程。我国利率市场化进程已经取得了很大的进展，未来利率市场化的重心在于人民币存款利率的市场化定价，未来需要采取多种手段继续深化存款利率市场化。

其次，还需要继续深化国有企业改革，将国有企业改造成为真正独立的市场主体。国有企业对资金成本的敏感性关系到利率能否很好地调节经济运行，需要继续深化国有企业市场化改革，完善国有企业的激励和约束机制，减少企业受到的隐性保险程度。

# 参考文献

[1]Aggarwal,R. and K. T. Jacques. The impact of FDICIA and prompt corrective action on bank capital and risk: Estimates using a simultaneous equations model[J]. Journal of Banking & Finance,2001,25(6):1139—1160.

[2]Angeloni,A. ,K. Kashyap and B. Mojon. Monetary Transmission in the Euro Area:A Study by the Eurosystem Monetary Transmission Network[M]. Cambridge University Press,2003.

[3]Auerbach,A. and J. Taxes. Firm financial policy and the cost of capital: An empirical analysis[J]. Journal of Public Economics,1984,23:27—57.

[4]Bai,C. E. ,J. Lu and Z. Tao. How does privatization work in China? [J]. Journal of Comparative Economics,2009,37(3):453—470.

[5]Baker,M. and J. Wurgler. Market timing and capital structure[J]. The Journal of Finance,2002,57(1):1—32.

[6]Berger,A. N. and G. F. Udell. Did risk-based capital allocate bank credit and cause a "credit crunch" in the United States? [J]. Journal of Money,Credit and Banking,1994(8):585—628.

[7]Bernanke,B. S. and A. S. Blinder. Credit,money,and aggregate demand[J]. The American Economic Review,1988,78(2):435—439.

[8]Bernanke,B. and M. Gertler. Agency costs,net worth,and business fluctuations[J]. American Economic Review,1989,79(1):14—31.

[9]Bernanke,B. S. and A. S. Blinder. The federal funds rate and the channels of monetary transmission[J]. American Economic Review,1992,82(4):901—921.

[10]Bernanke,B. S. and M. Gertler. Inside the black box: The credit channel of monetary policy transmission[R]. National Bureau of Economic Research,1995.

[11]Bester,H. Screening vs. rationing in credit markets with imperfect informa-

tion[J]. The American Economic Review,1985,75:850—855.

[12]Bester,H. The role of collateral in credit markets with imperfect information [J]. European Economic Review,1987,31(4):887—899.

[13]Betts,C. and M. B. Devereux. Exchange rate dynamics in a model of pricing-to-market[J]. Journal of International Economics,2000,50(1):215—244.

[14]Brandt,L. and H. Li. Bank discrimination in transition economies: Ideology, information,or incentives? [J]. Journal of Comparative Economics, 2003, 31(3): 387—413.

[15]Carlino,G. and R. DeFina. The differential regional effects of monetary policy [J]. Review of Economics and Statistics,1998,80(4):572—587.

[16]Chen,G. ,M. Firth and L. Xu. Does the type of ownership control matter? Evidence from China's listed companies[J]. Journal of Banking & Finance,2009,33 (1):171—181.

[17]Chen,L. and X. Zhao. Understanding the role of the market to book ratio in corporate financing 19 decisions. Working Paper,Michigan State University,2004.

[18]Claudio,R. and R. Rigobon. Monetary policy and sectoral shocks: Did the FED react properly to the High-Tech Crisis? NBER Working Papers,2003.

[19]Concetta,C. M. ,G. Ferri and G. Majnoni. The macroeconomic impact of bank capital requirements in emerging economies: Past evidence to assess the future [J]. Journal of Banking & Finance,2002,26(5):881—904.

[20]Corsetti,G. and P. Pesenti. Welfare and macroeconomic interdependence[J]. The Quarterly Journal of Economics,2001,116(2):421—445.

[21]Dedola,L. and F. Lippi. The monetary transmission mechanism: Evidence from the industries of five OECD countries[J]. European Economic Review, 2005 (49):1543—1569.

[22]Ehrmann,M. and M. Fratzscher. Taking stock: Monetary policy transmission to equity markets[J]. Journal of Money,Credit and Banking,2004:719—737.

[23]Engle,R. F. Dynamic conditional correlation—A simple class of multivariate GARCH models[J]. Journal of Business and Economic Statistics,2002,20:339—350.

[24]Freixas,X. ,J. C. Rochet and B. M. Parigi. The lender of last resort: A twenty-

first century approach[J]. Journal of the European Economic Association, 2004, 2(6): 1085—1115.

[25]Ganley, J. and C. Salmon. The Industrial Impact of Monetary Policy Shocks: Some Stylised Facts. Working Paper, Bank of England, 1997.

[26]Georgopoulos, G. and W. Hejazi. Financial structure and the heterogeneous impact of monetary policy across industries[J]. Journal of Economics and Business, 2009, 61(1): 1—33.

[27]Gertler, M. and S. Gilchrist. The role of credit market imperfections in the monetary transmission mechanism: Arguments and evidence[J]. The Scandinavian Journal of Economics, 1993, 95(1): 43—64.

[28]Gianni. Financial constraints, the user cost of capital and corporate investment in Australia. Working Paper, Reserve Bank of Australia, 2004.

[29]Gilchrist, S. and E. Zakrajsek. Investment and the cost of capital: New evidence from the corporate bond market[J]. NBER Working Papers, 2007.

[30]Goodman, S. Service: Business demand rivals consumer demand in driving growth[J]. Monthly Labor Review, 2002, 125(4): 3—16.

[31]Greenfield, H. I. Manpower and the Growth of Producer Services[M]. Columbia University Press, New York, 1966.

[32]Hayashi. Econometrics[M]. Princeton University Press, 2000.

[33]Hayo, B. and B. Uhlenbrock. Industry effects of monetary policy in Germany. ZEI Working Paper, 1999, B14.

[34]Holmstrom, B. and J. Tirole. Financial intermediation, loanable funds, and the real sector[J]. The Quarterly Journal of Economics, 1997, 112(3): 663—691.

[35]Holtz-Eakin, D. , N. Whitney and S. R. Harvey. Estimating vector autoregressions with panel date[J]. Econometrica, 1988, 56: 1371—1395.

[36]John, B. W. The Theory of Investment Value[M]. Harvard University Press, 1938.

[37]Kashyap, A. K. , J. C. Stein and D. W. Wilcox. Monetary policy and credit conditions :Evidence from the composition of external finance[J]. The American Economic Review, 1993, 83(1): 78—98.

[38]Kashyap, A. K. , O. A. Lamont and J. C. Stein. Credit conditions and the cyclical behavior of inventories[J]. The Quarterly Journal of Economics, 1994, 109(3): 565—592.

[39]Kashyap, A. K. and J. C. Stein. What do a million observations on banks say about the transmission of monetary policy? [J]. American Economic Review, 2000: 407—428.

[40]Kishan, R. P. and T. P. Opiela. Bank size, bank capital, and the bank lending channel[J]. Journal of Money, Credit and Banking, 2000: 121—141.

[41]Laurens, B. and R. Maino. China: Strengthening Monetary Policy Implementation. Working Paper, International Monetary Fund, 2007.

[42]Love, I. and L. Zicchino. Financial development and dynamic investment behavior: Evidence from panel VAR[J]. The Quarterly Review of Economics and Finance, 2006, 46(2): 190—210.

[43]Mishkin, F. S. Illiquidity, consumer durable expenditure, and monetary policy [J]. The American Economic Review, 1976: 642—654.

[44]Modigliani, F. Monetary policy and consumption: Linkages via interest rate and wealth effects in the FMP model[C]. Consumer Spending and Monetary Policy: the Linkages, Conference Series no. 5. Federal Reserve Bank of Boston, Boston, 1971: 9—84.

[45]Myers, S. C. The capital structure puzzle[J]. The Journal of Finance, 1984, 39(3): 574—592.

[46]Obstfeld, M. and K. Rogoff. Exchange rate dynamics redux[J]. Journal of Political Economy, 1995, 103(3): 624—660.

[47]Obstfeld, M. Foundations of International Macroeconomics[M]. MIT Press, 1996.

[48]Patrick, H. T. Financial development and economic growth in underdeveloped countries[J]. Economic Development and Cultural Change, 1966, 14(2): 174—189.

[49]Peersman, G. and F. Smets. The industry effects of monetary policy in the Euro area[J]. The Economic Journal, 2005, 115(503): 319—342.

[50]Raddatz, C. and R. Rigobon. Monetary policy and sectoral shocks: Did the

Fed react properly to the high-tech crisis? NBER Working Papers,2003.

[51]Rozeff,M. S. Money and stock prices[J]. Journal of Financial Economics, 1974(1):245—302.

[52]Stiglitz,J. E. and A. Weiss. Credit rationing in markets with imperfect information[J]. The American Economic Review,1981:393—410.

[53]Tobin,J. A. Money,capital,and other stores of value[J]. American Economic Review,1961,51(2):26—37.

[54]Tobin,J. A. General equilibrium approach to monetary theory[J]. Journal of Money,Credit and Banking,1969,1:15—29.

[55]Wicksell,K. The influence of the rate of interest on prices[J]. The Economic Journal,1907,17:213—220.

[56]Yudistira,D. The impact of bank capital requirements in Indonesia. Manuscript,Department of Economics,Lough-borough University,2003.

[57]白俊,连立帅.信贷资金配置差异:所有制歧视抑或禀赋差异?[J].管理世界,2012(6):30—42.

[58]彼得·德鲁克.创新与企业家精神[M].海口:海南出版社,1985.

[59]才静涵,刘红忠.市场择时理论与中国市场的资本结构[J].经济科学,2006(4):59—69.

[60]程大中.中国生产性服务业的水平、结构及影响[J].经济研究,2008(1):76—88.

[61]陈平,张宗成.股票市场对货币政策传导机制影响的实证研究——基于脉冲响应函数和方差分解的技术分析[J].南方金融,2008(6):13—15.

[62]陈学彬,杨凌,方松.货币效应的微观基础——我国居民消费储蓄行为的实证分析[J].复旦学报(社会科学版), 2005(1):42—54.

[63]戴金平,金永军.货币政策的行业非对称效应[J].世界经济, 2006, 29(7):46—55.

[64]丁剑平,王婧婧.中国制造业企业对利率和融资约束敏感度的检验[J].当代财经,2013(7):47—54.

[65]方军雄.所有制、制度环境与信贷资金配置[J].经济研究,2007(12):82—92.

[66]冯科,何理.我国银行上市融资、信贷扩张对货币政策传导机制的影响[J].经济研究,2011(2):51—62.

[67]冯泰文.生产性服务业的发展对制造业效率的影响[J].数量经济技术经济研究,2009(3):56—65.

[68]弗里德曼.美国货币史[M].北京:北京大学出版社,2009.

[69]郭新强,汪伟,杨坤.刚性储蓄、货币政策与中国居民消费动态[J].金融研究,2013(2):46—59.

[70]何静,李村璞.中国货币政策的产业效应研究——基于上市公司面板数据的实证分析[J].统计与信息论坛,2009,24(12):50—54.

[71]黄志忠,谢军.宏观货币政策、区域金融发展和企业融资约束——货币政策传导机制的微观证据[J].会计研究,2013(1):63—69.

[72]蒋瑛琨,刘艳武,赵振全.货币渠道与信贷渠道传导机制有效性的实证分析——兼论货币政策中介目标的选择[J].金融研究,2005(5):70—79.

[73]凯恩斯.就业、利息和货币通论[M].上海:上海外语教育出版社,2006.

[74]雷蒙德·戈德史密斯.金融结构与金融发展[M].上海:上海人民出版社,1969.

[75]李广子,刘力.债务融资成本与民营信贷歧视[J].金融研究,2009(12):137—150.

[76]李利.人民币汇率变动对我国产业结构调整的影响研究[D].湖南大学博士论文,2012.

[77]李涛,刘明宇.资本充足率、银行信贷与货币政策传导——基于中国25家银行面板数据的分析[J].国际金融研究,2012(11):14—22.

[78]李志军,王善平.货币政策、信息披露质量与公司债务融资[J].会计研究,2011(10):56—62.

[79]林铁钢.中国银行业改革:历史回顾与展望[J].中国金融,2005(3):16—18.

[80]刘飞.货币政策紧缩与公司债务融资变动[J].上海金融,2013(8):59—64.

[81]刘军.货币政策传导机制有效性的实证研究[J].统计与信息论坛,2006(9):104—108.

[82]刘树成.新一轮经济周期的背景特点[J].经济研究,2004(3):4—9.

[83]刘书祥,吴昊天.货币政策冲击与银行信贷行为的差异——基于银行信贷渠

道理论的一种解释[J]. 宏观经济研究,2013(9):46—56.

[84]刘舒潇,段文斌. 异质产业金融结构与货币政策非均质效应[J]. 经济与管理研究,2010(9):27—33.

[85]卢盛荣,李文溥. 中国货币政策效应双重非对称性研究——以产业传导渠道为视角[J]. 厦门大学学报(哲学社会科学版),2013(2):47—54.

[86]陆正飞,祝继高,樊铮. 银根紧缩、信贷歧视与民营上市公司投资者利益损失[J]. 金融研究,2009(8):124—136.

[87]罗斯托. 经济增长的阶段[M]. 北京:中国社会科学出版社,2001.

[88]吕光明. 中国货币政策产业非均衡效应实证研究[J]. 统计研究,2013,30(4):30—36.

[89]马文超,胡思玥. 货币政策、信贷渠道与资本结构[J]. 会计研究,2012(11):39—48.

[90]麦金农. 麦金农经济学文集[M]. 北京:中国金融出版社,2006.

[91]彭方平,王少平. 我国利率政策的微观效应——基于动态面板数据模型研究[J]. 管理世界,2007(1):24—29.

[92]彭方平,王少平. 我国货币政策的微观效应——基于非线性光滑转换面板模型的实证研究[J]. 金融研究,2007(9):31—41.

[93]任旺兵. 我国制造业发展转型期生产性服务业发展问题[M]. 北京:中国计划出版社,2008.

[94]尚于力,申玉铭,邱灵. 我国生产性服务业的界定及其行业分类初探[J]. 首都师范大学学报(自然科学版),2008(3):87—94.

[95]盛朝晖. 中国货币政策传导渠道效应分析:1994—2004[J]. 金融研究,2006(7):22—29.

[96]盛松成,吴培新. 中国货币政策的二元传导机制——"两中介目标,两调控对象"模式研究[J]. 经济研究,2008(10):37—51.

[97]盛天翔,范从来. 信贷调控:数量型工具还是价格型工具[J]. 国际金融研究,2012(5):26—33.

[98]易纲. 中国改革开放三十年的利率市场化进程[J]. 金融研究. 2009(1):1—14.

[99]沈家文. 生产性服务业与中国产业结构演变关系的量化研究[M]. 北京:经

济管理出版社,2012.

[100]束景虹.机会窗口、逆向选择成本与股权融资偏好[J].金融研究,2010(4):72—84.

[101]苏亮瑜.我国货币政策传导机制及盯住目标选择[J].金融研究,2008(5):25—34.

[102]孙亮,柳建华.银行业改革、市场化与信贷资源的配置[J].金融研究,2011(1):94—109.

[103]孙明华.我国货币政策传导机制的实证分析[J].财经研究,2004,3(2):19—30.

[104]孙巍.中国货币政策传导的股市渠道——基于宏微观视角的实证分析[J].上海金融,2010(5):43—48.

[105]孙永辉,王连军,王丽娜.我国央行货币供给对银行信贷影响的实证研究[J].中央财经大学学报.2012(2):34—40.

[106]汪斌,金星.生产性服务业提升制造业竞争力的作用分析——基于发达国家的计量模型的实证研究[J].技术经济,2007,26(1):44—47.

[107]王虎.转型期货币政策的资产价格传导效应研究[D].南京大学博士论文,2008.

[108]王岳平.开放条件下的工业结构升级[M].北京:经济与管理出版社,2004.

[109]王欣.我国货币政策有效性的实证分析[J].财经科学,2003(6):6—9.

[110]王雪标,王志强.中国商品期货价格指数与经济景气[J].世界经济,2001(4):69—73.

[111]王剑,刘玄.货币政策传导的行业效应研究[J].财经研究,2005(5):104—111.

[112]魏志华,王贞洁,吴育辉,李常青.金融生态环境、审计意见与债务融资成本[J].审计研究,2012(3):98—105.

[113]吴建环,席莹.中国货币政策的金融加速器效应研究——以货币政策对不同规模高科技企业的影响为例[J].山西财经大学学报,2007(11):98—103.

[114]谢平.新世纪中国货币政策的挑战[J].金融研究,2000(1):1—10.

[115]徐明东,陈学彬.中国工业企业投资的资本成本敏感性分析[J].经济研究,2012(3):40—43.

[116]徐涛. 中国货币政策的行业效应分析[J]. 世界经济，2007，30(2)：23－31.

[117]闫红波. 我国货币政策传导的区域差异——基于经济增长的实证研究[D]. 复旦大学博士学位论文，2007.

[118]闫红波，王国林. 我国货币政策产业效应的非对称性研究——来自制造业的实证[J]. 数量经济技术经济研究，2008(5)：17－29.

[119]杨达. 中国货币政策的产业非对称效应——基于门限向量自回归模型的实证研究[J]. 东北大学学报(社会科学版)，2011(9)：398－403.

[120]杨小军. 中国货币政策传导的行业效应研究——基于利率政策的经验分析[J]. 上海财经大学学报，2010(8)：50－57.

[121]袁申国，刘兰凤. 中国货币政策金融加速器效应的行业差异性分析[J]. 上海金融，2009(3)：36－39.

[122]余元全. 股票市场影响我国货币政策传导机制的实证分析[J]. 数量经济技术经济研究，2004(3)：140－148.

[123]乐毅，刁节文. 我国货币政策传导机制有效性实证研究——基于利率传导途径的 VAR 模型分析[J]. 金融经济，2013(8)：61－64.

[124]曾海舰，苏冬蔚. 信贷政策与公司资本结构[J]. 世界经济，2010(8)：17－42.

[125]战明华，蒋婧梅. 金融市场化改革是否弱化了银行信贷渠道的效应[J]. 金融研究，2013(10)：101－113.

[126]张辉. 我国货币政策传导变量对产业结构影响的实证研究[J]. 经济科学，2013(1)：22－35.

[127]张强，李远航，廖宜彬. 商业银行行为对货币政策传导效果的影响[J]. 金融论坛，2011，16(3)：23－27.

[128]张西征，刘志远. 货币政策调整如何影响中国商业银行信贷资金分配——来自微观公司数据的研究发现[J]. 财贸经济，2011(8)：59－67.

[129]张西征，刘志远，王静. 货币政策影响公司投资的双重效应研究[J]. 管理科学，2012(5)：108－119.

[130]张勇. 银根紧缩与银行信贷资金行业配置行为——来自 SVAR 模型的经验证据[J]，华南师范大学学报(社会科学版)，2011(3)：100－103.

[131]赵昕东，陈飞，高铁梅. 我国货币政策工具变量效应的实证分析[J]. 金融研

究,2002(10):25—30.

[132]郑军,林钟高,彭琳.货币政策、内部控制质量与债务融资成本[J].当代财经,2013(9):118—128.

[133]仲伟周,胡莹,潘耀明.货币政策传导中的居民行为——基于前景理论的视角[J].管理世界,2009(4):167—168.

[134]中国人民银行研究局课题组.中国股票市场发展与货币政策完善[J].金融研究,2002(4):2—12.

[135]周擎.商业银行行为调整对货币政策传导的影响[J].上海金融,2006(12):29—31.

[136]周小川."十一五"时期中国金融业改革发展的成就[J].中国金融,2010(24):10—14.

[137]周英章,蒋振声.货币渠道、信用渠道与货币政策有效性的实证分析[J].金融研究,2002(9):34—43.

[138]朱磊,章杉杉.微观主体投资效率、信贷配置与货币政策传导效率[J].上海金融,2012(12):65—76.

[139]朱新蓉,李虹含.货币政策传导的企业资产负债表渠道有效吗——基于2007—2013中国数据的实证检验[J].金融研究,2013(10):15—27.